CHARLES
VERLAG

Michael Fohn

50 Rock-Alben, die man gehört haben muss

CHARLES
VERLAG

Fohrn, Michael: 50 Rock-Alben, die man gehört haben muss.
Hamburg, Charles Verlag 2023

1. Auflage 2023
ISBN: 978-3-948486-77-8

Dieses Buch ist auch als eBook erhältlich und kann über den Handel oder den Verlag bezogen werden.
ePub-eBook: 978-3-948486-85-3

Lektorat: Michael Haitel
Satz: Anna Klöhn, Hamburg
Coverfotos: Heribert Kurth
Umschlaggestaltung: © Annelie Lamers, Hamburg

Bibliografische Information der Deutschen Nationalbibliothek:
Die Deutsche Nationalbibliothek verzeichnet diese Publikation in der Deutschen Nationalbibliografie; detaillierte bibliografische Daten sind im Internet über https://www.dnb.de abrufbar.

Der Charles Verlag ist ein Imprint der Bedey & Thoms Media GmbH, Hermannstal 119k, 22119 Hamburg

---

www.charlesverlag.de
Gedruckt in Deutschland

Inhalt

Vorwort

50 Rock-Alben, »die man gehört haben muss?« Ist dieser Anspruch nicht vermessen?

Wer wollte denn sagen, welches diese fünfzig Alben sind, die wer genau gehört haben soll oder gar muss? Warum muss man diese Alben gehört haben – und wenn man sie gehört hat, was verändert sich dann?

Die hier vorgestellten Platten habe ich behutsam und nach reiflicher Überlegung ausgewählt. Bei dieser Auswahl handelt es sich aber nicht (nur) um eine Selektion bekannter und beliebter Klassiker oder um den sprichwörtlichen Streifzug durch den Gemüsegarten und das möglichst gleichmäßige »Abpflücken« von Platten aus den wesentlichen Genres und Subgenres.

Vielmehr ist diese Auswahl durch einen inneren Zusammenhang gekennzeichnet, der, sei er musikalisch, sei er personell, sei er kontextuell, immer wieder durchblitzt.

Was macht ein gutes Musikalbum aus, was lässt ein Album zu einem modernen Klassiker werden?

Nun, zuerst einmal steht natürlich die künstlerische Qualität einer Platte im Zentrum der Betrachtung – und was künstlerisch qualitätvoll ist (und was nicht), darüber lässt sich trefflich streiten. Vielleicht kann dieses kleine Buch einen Beitrag zu dieser Diskussion leisten, eine vernünftige Antwort auf die Frage nach echter künstlerischer Qualität kann es freilich nicht geben (und das versuche ich auch gar nicht). Auch das Lob (oder der Tadel) der Schallplattenkritik kann (auch wenn sie das auch heute noch hin- und wieder versucht) keine validen Kriterien für eine »gute« Platte aufstellen und sollte nicht als solches verstanden werden.

Ein Klassiker entsteht nicht zwingend mit den Verkaufszahlen, den Streaming-Abrufen oder dem Airplay im Radio oder Musikfernsehen. Verkaufszahlen und entsprechende »Ehrungen« durch silberne, goldene oder gar Platin-Schallplatten sind sogar nicht selten verzerrt: Wer große Werbekampagnen finanzieren kann, wer seine Produkte nicht nur im Fachhandel, sondern auch in den Angebotspaletten der Drogisten und Discounter platziert und zudem hohe Verkaufsränge bei den Onlinehändlern erreicht, der hat mit Sicherheit sein Produkt gut in den Markt »pushen« können, für Qualität bürgt das allein freilich nicht. Über etliche Jahre repräsentierten die »metallenen« Schallplatten in den USA auch gar nicht die tatsächlichen Verkaufs-, sondern die reinen Auslieferungszahlen einer Platte. Wie viele Exemplare davon am Ende verramscht oder gar geschreddert wurden, kann heute niemand mehr genau sagen. Früher wurden die Charts unter anderem anhand des Airplays im Radio aufgestellt, also wie oft sich ein Titel in einem Programm wiederfand (und dieses Airplay war und ist natürlich auch mit den Verkaufszahlen rückgekoppelt, es entstehen Verstärkereffekte in beide Richtungen). Dabei berücksichtigen die Sender bis heute nicht allein die Wünsche und Interessen ihrer Zuhörerschaft – was wir im Radio hören ist mitnichten Resultat eines demokratischen Entscheidungsprozesses, sondern oft Ergebnis einer guten Promotion.

Was heute über die Portale gestreamt wird, entscheidet in der Regel nicht allein der Nutzer, sondern auch mehrere komplexe und außerdem völlig intransparente Algorithmen.

Reines Zahlenmaterial oder die Ergebnisse von Charts und Rankings spiegeln ihre vermeintliche Objektivität häufig nur vor und können somit zwar als Indiz gewertet werden, ob eine Platte nun ein Klassiker ist oder nicht, darüber aber nicht entscheiden.

Wenn sich die Frage, welche Scheibe nun das Zeug zum modernen Klassiker hat, schon nicht quantitativ beantworten lässt, dann vielleicht qualitativ? Fragt man Liebhaber und Sammler (und im Zuge der Entstehung dieses Buchprojekts fragte ich viele Liebhaber und Sammler), erhält man unterschiedliche Impulse, nie aber allgemeingültige Antworten. Der eine sammelt möglichst seltene, abgespacete Sachen, der nächste erfüllt sich spät all die musikalischen Träume seiner Jugend, die er sich mit seinem damaligen knappen Taschengeld nicht leisten konnte. Die Vielzahl der Wiederveröffentlichungen auf Vinyl und die immer dicker werdenden Backkataloge legen gerade hiervon beredt Zeugnis ab.

Es nützt alles nichts: Welches der zahllosen Rock-Alben man hören muss, was ein richtiger Klassiker ist, ist bei manchen Longplayern quasi Konsens und bei anderen höchst umstritten. Die Entscheidung fällt letztlich jeder individuell für sich – aber gerade meine Gespräche mit Musikhörern haben mir viele neue Sichtweisen eröffnet und Ideen gestiftet. Und mitunter ist es auch einfach eine Entscheidung, die aus dem Bauch heraus getroffen werden will.

Rockmusik kann man nicht sinnvoll isoliert betrachten. Die Musik entstand und entsteht immer im Wechselspiel zwischen Mode, Konsum, Politik und (Jugend-) Kultur. Heute steht aber nicht nur diese Jugendkultur Pate für viele Werke. Nachdem die Wurzeln des Rock in die 1950er- und frühen 1960er-Jahre reichen, sind die Rockfans mit den Bands, die noch existieren (und das sind gar nicht so wenige) und ihrer Musik in Würde gealtert und zelebrieren heute gerne auch einen mitunter etwas überdehnten Gegenentwurf zur Jugendkultur – eine Art bewusster Kultur des aktiven und kritischen Alterns. Das gilt natürlich nicht für alle »alten« Bands und schon gar nicht für deren Fans – manche von ihnen wollen schlicht nicht wahrhaben, dass sie eben nicht mehr Jugendliche oder junge Erwachsene sind (und nicht selten ist dieses Nicht-wahrhaben-Wollen des eigenen Alters zur sympathischen Schrulle gereift).

Gerade in den 1960er- bis 1980er-Jahren hatte der Rock auch eine abgrenzende Funktion zur Sichtbarmachung und Aufarbeitung der Konflikte zwischen den Generationen.

Wendete sich der Rock der frühen Tage in den Vereinigten Staaten insbesondere gegen überkommene Moralvorstellungen und den Patriotismus der Elterngeneration, kam ihm in Deutschland darüber hinaus auch die Rolle der Abgrenzung gegen die nazistischen Verstrickungen von Eltern und Großeltern zu. Dass er die Jugend einte und sich gleichzeitig zur Rebellion gegen die Eltern eignete, gelang dem Rock nicht per se – vielmehr war er eingebettet in Mode, Kultur und politisches Zeitgeschehen ein integraler Bestandteil eines glaubwürdigen Alternativmodells eines freizügigen, im besten Sinne freien Lebens – und erlangte damit auch internationales Verstandenwerden.

Rockmusik hat also maßgeblich zu jenem Phänomen beigetragen, dass die Politikwissenschaft gemeinhin als *westernization,* als »Verwestlichung«, bezeichnet. Diese Rolle sollte sich in den nächsten zwei Jahrzehnten wandeln. Spätestens seit den 1990er-Jahren vermochte gerade der Rock die Generationen eher zu einen, als zu spalten. Auch diese Funktion ist kein Zufall, sondern vielmehr Produkt einer kontinuierlichen gesellschaftlichen Entwicklung. Und dennoch ist das Schwert der Rockmusik nicht stumpf geworden – noch bewährt sie sich bestens, um Anklage und Protest gut verständlich, quasi massenkompatibel, zum Ausdruck zu bringen. In seiner einigenden Funktion ist aber auch eine wachsende Entpolitisierung des Rock zu beobachten.

Und so sind die folgenden Betrachtungen auch mehr Essay als Rezension. Hier jedoch lässt sich nur schwer eine sinnstiftende Grenze ziehen. Das muss aber auch nicht sein – manchen Alben nähere ich mich über die Biografie der Künstler, anderen über die Musik, bei manchem ist die genauere Betrachtung der entfalteten Wirkung lohnenswert. Genauso wenig kann übrigens sinnstiftend differenziert werden, was noch Rock, was schon Pop ist, wo der Funk beginnt und der Jazz aufhört. Die hier vorgestellten Alben sind bis auf eine einzige Ausnahme, bei der die Genrezuschreibung zum Rock nur als Implikation funktioniert, hörbar in ebendiesem beheimatet. Mehr dazu ist übrigens im Kapitel *Zum Gebrauch* am Ende dieses Buchs zu lesen.

Um die eingangs gestellte Frage nach den möglichen Veränderungen noch einmal aufzugreifen: Prognostizieren lassen sie sich nicht, mir persönlich hat die (Wieder-) Beschäftigung mit den ausgewählten Alben aber nicht nur Spaß gemacht, sondern zum guten Teil ein noch tieferes Verständnis für die Musik eingetragen. Ich hoffe, dass dieses Buch die eine oder andere Inspiration geben kann, manche Platte nach langer Zeit einmal wieder aufzulegen oder gar neu zu entdecken – und ich wünsche bei dieser klangvollen Reise durch die Jahrzehnte viel Vergnügen!

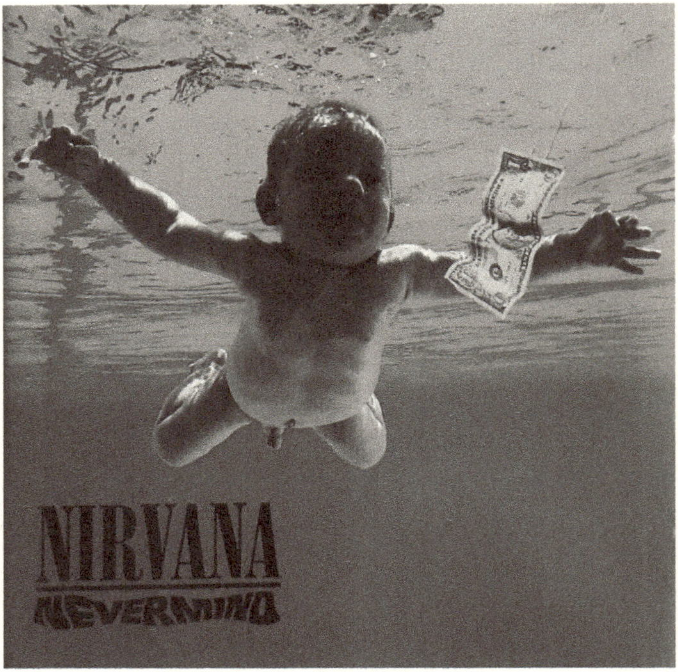

Nirvana – Nevermind (1991)

Unbestritten: NIRVANAS *Nevermind* ist eine musikalische Großtat. Das Album entwickelte sich aus dem Stand zum Millionenseller, stieß über Monate den »King of Pop«, Michael Jackson, vom Charts-Thron, ebnete Beck Hansen oder Bands wie SOUNDGARDEN und PEARL JAM den Weg und inspirierte in den 1990ern zahllose Musiker.

Wie wenig anderes ist mir noch der Moment erinnerlich, als der Schlitten die CD im Schacht des Players versenkte, das erste Riff von *Smells Like Teen Spirit* erklang und dann – mit den einsetzenden Drums das Adrenalin, die Ekstase durch meine Adern schoss. In diesem Moment, in den ersten Sekunden dieses Albums wurden die Achtzigerjahre mit ihrem Synthie-Sound, den Schulterpolstern, dem Yuppietum und ihrem Stadion-Rock beerdigt – nicht in getragener Würde, sondern mit einem heftigen Arschtritt.

Das Album polarisiert. Während es vielen als großer Wurf gilt und den eben beschriebenen Abschied von der Musik der 80's einläutet, tun sich gerade jene Menschen mit *Nevermind* schwer, die sich im Rock so etwas wie Kontinuität wünschen. Ihnen scheint *Nevermind* eine große »Abrechnung« zu sein, eine Art Angriff, den es abzuwehren gilt – aber mit was soll da eigentlich abgerechnet, was angegriffen werden?

Wir sogen damals die Musik auf, ich kopierte mir die CD auf Band und nudelte diese Kassette mit meinem Walkman so lange ab, bis sie im Eimer war, die Platte rotierte in jedem Jugendzimmer, wenn man in jenen Tagen MTV einschaltete, standen die Chancen gar nicht schlecht, dass ein Video von NIRVANA lief, sie war in den frühen Neunzigern quasi omnipräsent und dennoch lief sich die Scheibe nicht tot, nervte nicht – und sie nervt bis heute nicht, obwohl man sich längst an diesem Album ab- und sattgehört haben müsste.

Alternative-Rock, das war Anfang der Neunziger ein noch weitestgehend unbekanntes Genre. Punk, klar, Punk kannte jeder, aber Alternative? Grunge gar? Was sollte das sein? NIRVANAS *Nevermind* hat es uns – ohne ein Wort darüber zu verlieren – erklärt. Die Pullis durften wieder verwaschen sein, die Jeans bekamen große Löcher und die Chucks kamen zurück, je ausgelatschter, desto besser. Und mit dem breiten, schwarzen Strich des Edding bemalten wir unsere Eastpack-Rucksäcke.

Dabei ist das Album ein Album der harten Kontraste. Cobains Gesang ist roh und ungeschliffen, Grohl an den Drums hingegen spielerisch unglaublich präzise. Technisch ist *Nevermind* eine Hochglanzproduktion, Cobains Songwriting im besten Sinne Pop und doch sind die Titel melancholisch-depressiv und gleichzeitig unglaublich wütend. Punk meets Pop, Garagensound meets Full-Range-HiFi. *Smells*

Like Teen Spirit ist die Hymne einer ganzen Generation, *Polly* thematisiert die Vergewaltigung und Folter eines jungen Mädchens, die im Jahr 1987 in den USA hohe Wellen schlug. Im Song *Lithium* findet ein rastloser Mensch Ruhe in einer innigen Beziehung zu Gott (während der Text ja erst einmal tröstlich klingen mag, referenziert Cobain im Songtitel seine zum Zeitpunkt der Aufnahmen schon schwerwiegende psychische Erkrankung und die zur damaligen Zeit übliche Standardtherapie mit Lithiumsalzen). *Something in the Way* kann man als getragene Ballade hören, der Hidden-Track *Endless, Nameless* (auch als »The Noise Jam« bekannt) hingegen ist ein fulminanter Wutausbruch. Hymnen und Morbidität, knalliger Rock und Musik gewordene Depression, das alles steckt in *Nevermind*, das alles vermag *Nevermind* harmonisch-disharmonisch zu vereinen, dem allem bietet das Album einen Rahmen – und so schwer mancher Songtext auch auf der Seele liegen mag: »Macht doch nichts!«, »Komm, wie Du bist«, das sind starke Zusprüche an jeden einzelnen Hörer.

Dieses kontrastreiche Album fiel uns in einer kontrastreichen Zeit vor die Füße. Der Eiserne Vorhang war gefallen, George Bush war Präsident der Vereinigten Staaten, die gerade in eine schwere wirtschaftliche Rezession abglitten, der Golfkrieg begann. Orientierung konnte *Nevermind* hier nicht bieten, aber die Musik versteht jene Zeit, mehr noch, sie ist ein nicht unbedeutender Teil von ihr. Und auch das Cover wurde aus dem Stand ikonisches Gemeingut der jüngeren Popkultur, zahlreiche Künstler und Musiker zitieren oder karikieren das nackte, unter Wasser einem an einem Angelhaken angebrachten Dollarschein erwartungsfroh entgegenschwimmende Baby.

Der Rolling Stone kürte *Nevermind* zum wichtigsten Album der 90er-Jahre. Zu Recht.

Hole – Live Through This (1994)

Live Through This alleine auf die Musik und nicht auf die Begleitumstände des Erscheinens zu reduzieren, ist nicht möglich. Ich hätte es ja gerne gemacht, ich habe aufrichtig versucht, mich immer wieder und wieder eng an den Songs »entlangzuformulieren« und habe all diese Formulierungen wieder verworfen. Manche Alben kommen nicht nur ohne ihre Kontexte nicht aus, sie tragen sie huckepack mit sich herum – auch noch knapp dreißig Jahre nach Erscheinen. *Live Through This* ist so ein Album.

Der erste flüchtige Blick auf diese Zusammenhänge: Das »Riot Grrrl« Courtney Love hat mit ihrer Band HOLE 1991 mit *Pretty on the Inside* ein halbwegs eingängiges, handwerklich ordentliches, aber weitgehend unspektakuläres Album abgeliefert, das kommerziell dennoch als Achtungserfolg gelten darf. Nicht nur die höchst professionellen Umstände der Produktion dieses Debüts, sondern auch die frische Vermählung mit Kurt Cobain machten Musikpresse und Käufer auf die Platte aufmerksam. Loves und Cobains gemeinsame Tochter Frances Bean wurde 1993 geboren, Love arbeitete zu diesem Zeitpunkt schon am Folgealbum, das Ehepaar litt nicht nur unter Cobains Erfolg, sondern zusehends auch an ihrer gemeinsamen Heroinsucht. Die Regenbogenpresse verstand, diese zumindest »besonderen« Lebensumstände entsprechend auszuschlachten – eine für die Ehe schwere Belastung, wie Love später einmal sagte. In ähnlich unruhigem Fahrwasser schwamm die Band selbst: Love kämpfte mit ständigen Neubesetzungen, die Band HOLE war praktisch Courtney Love, bot aber sonst keine nennenswerte Stabilität. Nur ihr Gitarrist Eric Erlandson, mit dem Love zwischenzeitlich auch liiert war, hielt ihr (und damit der Band) die Treue. Love hat zu diesem Zeitpunkt trotz der personellen Wechsel die Wirkung, die sie mit Hole erzielen will, fest im Blick und definiert auch die einzunehmende Positur. Als Lesley Hardy die Band verlässt, inseriert Love auf der Suche nach einer neuen Bassistin: »Ich will eine, die ganz gut spielen kann, vor 30.000 Leuten auf der Bühne stehen und ihr Shirt ausziehen kann, ›Fuck You‹ auf die Titten geschrieben.« Das neue Album soll eingängiger und kommerziell besser verwertbar werden. Loves Auftreten wirkt hart, kompromisslos und sexy, nichtsdestotrotz stehen Hole im Schatten der Erfolge Nirvanas und das Ehepaar Love/Cobain im Blitzlichtgewitter einer im Tonfall zunehmend anklagenderen Yellow Press. Hole gehen 1993 ins Studio, die neu gewonnene Bassistin Kristen Pfaff wird in dieser Zeit ebenfalls heroinabhängig.

Am 5. April 1994 nimmt sich Kurt Cobain das Leben, drei Tage zuvor hat Love ihren Ehemann bei der Polizei als vermisst gemeldet. Am 12. April 1994 wird *Live Through This* veröffentlicht. Drei Monate später stirbt Kristen Pfaff an einer Heroin-Überdosis.

Die zeitliche Enge dieser Ereignisse darf man, ohne reißerisch zu sein, als Schock, als tiefen Schicksalsschlag verstehen. Und vor diesem Kontext entfaltete das Album seine Wirkung. Kraft und Zerbrechlichkeit, Wut und Klage gewinnen vor der Folie des Suizids Cobains, des Todes Pfaffs und der Zerrissenheit und den Leiden Loves noch an Intensität. Love mag vielen jungen Frauen als ein glaubwürdiger Gegenentwurf zum Öko-Feminismus ihrer Müttergeneration gegolten und gedient haben, integriert sie doch perfekt Rebellion, Provokation und Protest mit Zartheit und Zerbrechlichkeit. Das macht auch das Album aus: Druckvoller Sound, der Opener *Violet* ist ähnlich hymnisch wie Cobains *Smells like Teen Spirit*. Das bereits 1991 geschriebene Stück *Doll Parts*, Holes erfolgreichste Singleauskopplung, darf getrost als Counterpart zu Cobains

Heart Shaped Box verstanden werden. »Some days you will ache like I ache.«

Unübertroffen auch der beißende Zynismus in *Asking For It* – eine Aufarbeitung der alten victim-blaming-Methode (»Sie hat es doch nicht anders gewollt«), der sich noch immer viele weibliche Vergewaltigungsopfer ausgesetzt sehen. Gerade hier stehen Loves sanfte, tragende Stimme neben der schieren, herausgeschrienen Wut so intensiv gegenüber, dass man sich diesem Wechselbad der Gefühle nicht erwehren kann.

Live Through This ist ein einfühlsames, unheimlich kraftvolles und trotz einer ordentlichen Portion Anarchismus, die auch heute noch authentisch wirkt, durchhörbares Album. Die Frage, wie viel Kurt Cobain in HOLEs wohl gelungenster Platte steckt, ist hochumstritten: Stilistisch kann man ohne Aufwendung allzu großer Fantasie zumindest deutliche Nähen zu *Nevermind* beobachten, das Songwriting beanspruchen Love und Erlandson alleine – auch dies ist absolut vorstellbar, denn Love hat schon auf ihrem Debütalbum ein sicheres Talent für gutes, unverfälscht ehrliches Songwriting bewiesen und Erlandson gilt nicht nur als virtuoser Gitarren-Nerd, sondern auch kreatives Genie für eine abwechslungsreiche Kompositionsdramaturgie.

Das Albumcover zeigt vorne nicht etwa eine überschminkte und zur Unkenntlichkeit retuschierte Courtney Love, sondern das 1976 geborene Model Leilani Bishop, mit Blumenstrauß und gekrönt in Siegespose, die Mascara von Freudentränen zerlaufen (die deutschstämmige Fotografin Ellen von Unwerth gestaltete nicht nur dieses Cover, sie war auch für DURAN DURAN, Christina Aguilera, Janet Jackson oder Britney Spears tätig).

The B-52s – The B-52s/Play Loud (1979)

Mit zwei Songs dürften sich die B-52s ins Gedächtnis der fleißigen Radiohörer eingegraben haben: Die wirklich coole und entspannte Partynummer *Love Shack* aus dem Jahr 1989 spiegelt noch einiges von jenem Glanz wieder, den die Band einstmals verkörperte, 1994 läutete man dann mit der gecoverten Titelmelodie *Meet The Flinstones* zum Kinofilm *Die Flinstones* nicht nur das untere Ende des künstlerischen Niveaus, sondern auch das der Band ein, denn die lieb- und inspirationslose Tanz-Schmonzette hätte sich auch jedes drittklassige Eurodance-Projekt aus den Rippen schwitzen können. Yabba-dabba-doo.

Den künstlerischen Höhepunkt markiert bei den B-52s ihr Debüt aus dem Jahr 1979.

Melodiös und zuweilen schrill ist der Gesang der beiden Frontfrauen Cindy Wilson und Kate Pierson, kontrastiert wird er durch Fred Schneiders nasalen Sprechgesang, der oft die grundwitzige Seite der Band unterstreicht, wirken seine rhythmischen Einwürfe doch nicht selten wie eine Erzählstimme in den Stücken. Ebenso charakteristisch ist der spacige Orgelsound und die vielen Gitarrenstaccati. Diese Mischung atmet Rock'n'Roll, ist ein bisschen punkig, aber immer locker, leicht und irgendwie auch groovig.

Schon der Opener macht Spaß, ist tanzbar und wird getragen von einem nicht ganz unironischen Zitat – das zentrale Riff des *Peter-Gunn-Themes* bildet die Grundlage des eigentlich düster temperierten Wave-Songs: *Planet Claire* lässt auf mehr hoffen und die Hoffnung erfüllt sich – *52 Girls* schrabbelt angenehm vor sich hin, der große Spaß beginnt aber mit der Nummer *Dance This Mess Around*: »Why don't you dance with me? / I'm not no Limburger. / Just a limber girl.« Die B-52s sind auf eine unaufdringliche und liebenswerte Art lustig, das setzt sich beim nicht minder tanzbaren *Rock Lobster* fort. Spätestens jetzt ist *Play Loud* zu einer zeitlosen Partyscheibe geworden.

6060-842, jene Telefonnummer, geschrieben an die Wand einer Damentoilette, vermag den Anrufer oder die Anruferin nur zu enttäuschen, doch die nüchterne Antwort des Operators »Your number's been disconnected« hat Mitgrölpotenzial. Und dann die unweigerlich nötige Referenz auf die frühen Sechziger – das Cover von Petula Clarks *Downtown* rundet dieses kleine Meisterwerk ab.

Die Inszenierung der Band lässt sich auf dem Cover, das im Stile der 1950er-Jahre gehalten ist, gut erkennen: Vor einem leuchtend gelben Hintergrund präsentiert sich die Band mit ihrer einretuschierten Scherenschnitt-Kleidung und den charakteristischen auftoupierten Bienenkorbfrisuren, die auch namensgebend für die Combo waren. Auch das sehr empfehlenswerte Folgealbum *White Planet* bedient sich dieser Ästhetik.

Ironische Scheiben haben oft nicht nur ihre Zeit, sie kennen auch ihr Verfallsdatum und werden – nach Jahren gehört – nicht selten unheimlich albern. Nicht so *Play Loud* – dieses Album macht selbst nach über vierzig Jahren wahnsinnig Spaß und keine einzige Party wird schlechter, wenn man diese Platte auflegt.

Gina Harlow and The Cutthroats – Live On Stage/Live At Max's Kansas City (1979/2013)

Weder Gina Harlow selbst noch ihre Band THE CUTTHROATS (sehr viel später wurde ihre Begleitband in THE DEEPTHROATS umbenannt, dann wurden es wieder die CUTTHROATS) noch das Label Cutthroat Records sind hierzulande nachhaltig bekannt (etwas anders mag es in Fachkreisen um die Edition *American Lost Punk Rock Nuggets* des Labels RaveUp, auf dem das Album als *Live At Max's Kansas City* wiederveröffentlicht wurde, stehen). Informationen zu Harlow – obschon sie seit 2018 eine eigene Webseite unterhält – sind rar gesät, müssen mühsam zusammengetragen werden und lassen sich kaum verifizieren. Ich unternehme hier nun den Versuch einer halbwegs vernünftigen Rezension – und obwohl ich Fakten zu Musikern und Bands in aller Regel gründlich zu recherchieren pflege, kann ich für die nun folgenden Informationen nur bedingt Gewähr übernehmen.

Das Debütalbum Harlows gilt – nicht ganz zu Unrecht – als besondere Perle unter den frühen Punkrock-Scheiben. Vielleicht, weil die Sängerin auf dem Cover in erotischer Pose zu sehen ist, das Bild ist als Silhouette eines Schlüssellochs ausgeschnitten und einfach auf einen weißen Hintergrund gesetzt worden (und ich muss zugeben: Ich bin auf das Album zuerst auch der Optik wegen aufmerksam geworden, und zwar in dem von Robbie Busch, Jonathan Kirbys und Julius Wiedemann herausgegebenen, grandiosen Bildband *Rock Covers*, einem unerschöpflichen Quell der Inspiration – als die Platte dann mehr oder weniger zufällig meinen Weg kreuzte, habe ich blind zugegriffen). Billiger und trashiger kann man ein Albumcover eigentlich kaum gestalten (doch, ein Sahnehäubchen, dass das prüde Amerika aufs

Vortrefflichste porträtiert bzw. persifliert, muss genannt sein: Der untere Teil von Harlows Gesäß ist mit einem schwarzen »Pornobalken«, den drei weiße »X« zieren, verdeckt). Vielleicht auch, weil die Platte trotz der vorgenannten Wiederveröffentlichung gar nicht so einfach zu kriegen ist. Vielleicht, weil sie aber auch eine Mischung aus hartem Rock und Sex pflegte (im Falle Harlows nimmt sich diese Mischung aus der heutigen Perspektive ja schon fast betulich aus), die immer wieder von Bands aufgegriffen wurde und die in den Performances der britischen Formation ROCKBITCH ihren Höhepunkt, aber auch ihre provokative Sättigung erfuhr. Vielleicht, weil die Platte musikalisch weniger fies ist, als erwartet. Bestimmt aber, weil die Verquickung dieser Umstände sich vortrefflich eignet, um hier ein Punkrock-Image, garniert mit dem zweifelhaften Chic eines Stripclubs, zu inszenieren. Genutzt hat dies alles freilich nicht, die Platte ist in keinen Charts ausfindig zu machen, Informationen zu offiziellen Verkaufszahlen sucht man vergebens, das will auch nicht verwundern, handelt es sich bei diesem Album doch aller Wahrscheinlichkeit nach um eine Privatpressung, die nie in einem professionellen Vertrieb gelandet ist. Mit großer Sicherheit war die Scheibe ein kommerzieller Misserfolg und trotzdem zementierte sie das Image Gina Harlows als sexy Punk-Pin-Up-Girl.

Mehr als dieses Punk-Pin-Up-Girl wollte Harlow auch nicht sein, Gerüchte drängten sie jedoch in die Porno-Ecke. Harlow bestreitet aber bis heute vehement, je in einer Hardcore-Produktion mitgewirkt zu haben. Verbrieft hingegen ist, dass sie 1975 die Rolle einer Tänzerin im Film *Skin Flick* einnahm. Der Sexploitation-Streifen, ein typisches, billiges Grindhouse-Machwerk, rahmt seine Erotikszenen in eine reichlich platte Story ein – erzählt der Film doch von den Widrigkeiten, die ein Sexfilm-Produzent mit Darstellern, Geldgebern und der Produktionscrew erlebt. Detail am Rande: *Skin Flick* ist ein Film von Gerard Damiano, dem Regisseur so bekannter wie genreprägender Pornos wie *Deep Throat*, *The Devil in Ms. Jones* oder *The Story of Joanna*.

Einer alten Zeitungsanzeige zufolge lässt sich der Auftritt in Max's Kansas City, Downtown Manhattan, New York, auf den 27. April 1978 datieren (die Platte selbst verrät uns nämlich nichts über das Aufnahmedatum des Gigs). Der 1965 eröffnete Club wurde binnen weniger Jahre weltbekannt, starteten hier doch Größen wie Bob Marley, AEROSMITH oder Bruce Springsteen ihre Karrieren. Mitte der 1970er-Jahre wandelte sich das »Max's« und wurde zum Inkubator des US-amerikanischen Punkrocks. Die NEW YORK DOLLS, die MISFITS, die RAMONES oder Patti Smith gaben sich dort die Klinke in die Hand.

Bei besagtem Auftritt sang Harlow nicht nur, sondern spielte auch in recht übersichtlicher Virtuosität ihren Rickenbacker-Bass.

»I'm hot'n wild / looking for action«, singt Harlow, sobald man den Tonarm auf die Platte setzt. Schon der erste, gleichnamige Song hat – obwohl dilettantisch aufgezeichnet und nicht minder dilettantisch gespielt, Hit- und Schrammelqualität. Das Songwriting gehorcht – auch bei den folgenden Tracks – einfachsten Prinzipien und trifft damit voll ins Schwarze. Knallig und rotzig haut es die Nummer *Punks* aus den Boxen – schnell, dreckig und obendrein ein großer Spaß mit Ohrwurmpotenzial. Über den Gitarristen Jesse Davis (nicht zu verwechseln mit dem gleichnamigen Gitarristen von TAJ MAHAL und dem Jazzmusiker, der ebenfalls Jesse Davis heißt) und den Drummer Nick Fuse (nicht zu verwechseln mit dem gleichnamigen Singer/Songwriter) lässt sich nichts Konkretes sagen – nur so viel: Die drei spielen so abgestimmt, wie man es eben als Punkband braucht und trotz ihrer technischen Unvollkommenheit harmoniert die Combo ganz gut und baut ordentlich Druck auf. Einen Brückenschlag zwischen Rock und Punk wagen die durchaus als erwachsen zu bezeichnenden Titel *Jim Jones* und *Running Out of Love*. Insgesamt eine durchhörbare und ziemlich geile Platte, deren größte Schwäche nicht im mitunter amateurhaften Spiel der CUTTHROATS (Alter!) liegt, sondern in der völlig unzureichenden technischen Umsetzung. Nicht nur das Reissue ist von zweifelhafter Pressqualität, auch die Aufnahme selbst hätte ein dezentes digitales Makeover vertragen, oft ist das Band weit über die Sättigung hinausgepegelt, hie und da ist der tape hiss zu hören, die Vocals zischen gerne mal gruselig und echte Stereofonie klingt auch anders. Nach meinem Gefühl hat bei diesem Gig jemand einfach mal ein Band mitlaufen lassen (schließlich gastierte man im sagenumwobenen Max's!), ohne sich mit den grundlegenden Funktionen des Recorders vertraut gemacht zu haben. RaveUP wirbt damit, dass es bei dieser Aufnahme keine overdubs gibt, bei den Songs ist man auch geneigt, das zu glauben, aber der durchaus konzertiert einsetzende und sauber ein- und ausgeblendete Applaus lässt sich vom geübten Ohr dann aber doch als eindeutig editiert identifizieren.

Wer Bock auf frühen, rohen, ungeschminkten Punkrock mit viel Speed und wenig Aggressivität hat und mit einem kalkulierten Hauch von Erotik klarkommt, macht mit *Live On Stage/Live At Max's Kansas City* bestimmt nichts falsch.

Rory Gallagher – Live At Montreux (2006/2013)

Ganz unumwunden: Das '74er *Live*-Album von Rory Gallagher gehört zu meinen absoluten Lieblingsalben. Es im Rahmen dieses Buches zu besprechen wäre sicher sehr sinnvoll und sicher sehr unnötig, denn jeder, wirklich jeder dürfte es kennen (und wer es nicht kennt, der lege in dieser denkwürdigen Minute das Buch zur Seite, besorge sich die *Irish Tour '74* und genieße eine der besten Bluesrock-Scheiben, die die Welt je gesehen bzw. gehört hat).

Neben dieser wirklich fantastischen Platte hat sich aber auch ein anderes Live-Album in meine Gallagher-Bestenliste (die ziemlich lang ist) gedreht: *Live At Montreux*. Während die anderen Live-Platten eine Tour oder ein einzelnes Konzert dokumentieren, verfolgt diese Doppel-LP einen anderen Ansatz: Alle Lieder wurden in unterschiedlichen Jahren auf dem berühmten Montreux Jazz Festival aufgezeichnet, auf dem der Bluesgitarrist Gallagher ein gern gesehener und häufiger Gast war. Ob die dort vorherrschende Atmosphäre nun in besonderer Weise Gallaghers Spiel und seine musikalischen Interpretationen signifikant tangiert haben, vermag ich nicht zu sagen – aber eines ist sicher:

Vollgas – Rory Gallagher gibt hier Vollgas. Über zehn Jahre Vollgas! Die Live-Performances des Gitarren-Gurus und Vollblutbluessängers entfalten auch von der Konserve eine geradezu magische Aura und natürlich steht auch diese editierte Gegenüberstellung von zwölf Titeln, alle in den zehn Jahren zwischen 1975 und 1985 aufgenommen, dem in nichts nach.

Was die schwarzen Rillen schon beim Opener *Laundromat*, einem Allzeitklassiker Gallaghers, ans Ohr tragen, packt unmittelbar zu. Sein akzentuiertes, hochvirtuoses und zu diesem Zeitpunkt auch noch technisch perfektes Gitarrenspiel zieht den Hörer sofort in seinen Bann. Nein, Gallagher hat keine Kleidung, die er der Waschmaschine im Laundromat anvertrauen könnte, er löst sich in dieser Interpretation auch sehr vom Text des Openers seines 1971 erschienenen Debütalbums und spielt sich bei diesem Track in langen, ausgefeilten und absolut funkelnden Soli in Ekstase. *Tore Down*, ebenfalls wie *Laundromat* im Jahr 1975 auf dem Festival eingespielt, ist eine klassische Bluesrocknummer mit allem Drum und Dran. Richtig krachen lässt es Gallagher auch mit *I Take What I Want*. Insgesamt ist den Aufnahmen von 1977 und 1979 bereits abzuspüren, dass sich Gallagher mehr und mehr dem Hardrock annähert. Ausnahmen bestätigen auch hier die Regel: *Off The Handle* ist, bleibt purer Blues.

Unter den zwei aus dem Jahr 1985 auf dieser Platte veröffentlichten Titeln ragt besonders *Philby* hervor. Die Eingangsriffs hätten auch von Slash stammen können, das Motiv ist krachender Hardrock, Gallagher und das Publikum treten im Chorus miteinander bei der Intonation des »Yeah! Yeah! Yeah!« in Interaktion und Gallagher ist Publikum und Zuhörer ein letztes Mal ganz nah. Die Präzision seines Spiels hat mittlerweile (nach all den Jahren Gallaghers massiven Alkoholmissbrauchs) gelitten, er greift die Gitarre etwas schnoddriger, aber gerade die langen Läufe, mit denen er immer noch mitzureißen und zu begeistern vermag, präsentiert er mit größter Routine. Vor diesem Auftritt lag eine lange, intensive Auftritts- und Studioarbeitsphase hinter Gallagher, der bis 1985 im Jahresrhythmus die Platten *Photo Finish*, *Top Priority* und *Jinx* veröffentlicht hatte.

Nur einige wenige Worte zur Versionsgeschichte: Zur bereits 2006 erschienenen CD gesellt sich ab 2013 die nach wie vor erhältliche Doppel-LP des Labels Back in Black. Pressqualität und Ausstattung sind bemerkenswert gut, ein echtes Muss für jeden Fan von Rory Gallagher. Das Cover selbst ist mit einem bekannten Bild Gallaghers (er wirft, völlig eins mit sich und der Musik, den Kopf in den Nacken) und der stilisierten Schrift nichts, was besonders neugierig macht – fast ein wenig lieblos. Das aber vermag nichts an seinem grandiosen Inhalt zu ändern. Im selben Jahr wurde das Album erneut auf CD, ergänzt durch zwei DVDs als Box-Variante bei Union Square herausgebracht.

Pekka Pohjola – Keesojen Lehto/Unbenannt (als Mike & Sally Oldfield/Pekka Pohjola) (1977/1981)

Der 1952 in Helsinki geborene Multiinstrumentalist, Komponist und Produzent Jussi Pekka Pohjola ist außerhalb Skandinaviens wohl nur ausgewiesenen Kennern bekannt. Dennoch machte er sich in Musikerkreisen recht schnell einen Namen, war er doch Mitglied der Progressive- bzw. Jazzrockbands WIGWAM und MADE IN SWEDEN. Mitte der 1970er-Jahre begann Pohjola auf Solopfaden zu wandeln und wendete sich dem Fusion Jazz zu, insgesamt nahm er als Solokünstler 16 Platten auf. In den 1970er-Jahren begann auch seine Zusammenarbeit mit dem Briten Mike Oldfield, dessen Bekanntheit mit dem Album *Tubular Bells*, das sich überraschend zu einem Millionenseller entwickelte, rasant stieg. Diese Kooperation zwischen dem Finnen und dem Briten erlebte zwei Höhepunkte: Bei der 1979er Tour Mike Oldfields war Pohjola als Bassist engagiert, die Tour ist auf der Doppel-LP *Exposed*, die im gleichen Jahr erschien, dokumentiert. Bereits zwei Jahre zuvor nahmen Pohjola (federführend) und Oldfield, der auch seine Schwester Sally für das Projekt gewann, das Album *Keesojen Lehto* auf, welches in England bei Virgin Records unter dem Titel *The Mathematician's Air Display* veröffentlicht wurde. In Deutschland, den Niederlanden und den USA erhielt die Platte gar keinen Titel und wurde nur als »Mike & Sally Oldfield / Pekka Pohjola« bezeichnet – man nutzte hier als Verkaufsanreiz eben einfach die Bekanntheit der Geschwister Oldfield. So nimmt es auch nicht wunder, dass die LP in Deutschland erst 1981 erschien, in durchaus beachtlichen Stückzahlen beim Label Happy Bird, das insbesondere für Wiederveröffentlichungen von Jazz, Blues und Rock im sogenannten »nice price«-Segment bekannt war. Auch die Ausstattung und das Layout der Platte nimmt sich eher übersichtlich aus, ein hellgraues Dreieck auf weißem Grund »ziert« das Cover, ein Design, dass man wohlmeinend als minimalistisch, kritisch betrachtet aber wohl eher als generisch bezeichnen dürfte – und dennoch: Mit klassischer Ramschware haben wir es hier nicht zu tun.

Die Musik mutet fast schon sinfonisch an und ist ein spannender Mix aus Rock, Pop und Jazz, der freilich auch die klassische Prägung und Ausbildung Pohjolas nicht verbergen kann und will. Mit wunderbarer Leichtigkeit und einem feinen Groove dringen die Töne ans Ohr, *Keesojen Lehto* ist ein wirklich entspanntes und entspannendes Album, in dem wir Mike Oldfield und Pekka Pohjola in Höchstform erleben dürfen. Beide haben nicht nur die Platte, die ausschließlich aus Instrumentals besteht (Sally Oldfields Beitrag zu dieser Scheibe sind gesummte backing vocals bei zwei Tracks), eingespielt, sondern auch produziert. Mit von der Partie war auch der langjährige Drummer Oldfields, Pierre Moerlen.

Der Opener *The Sighted Light* (in anderen Pressungen aus England, den USA und Italien auch als *The Perceived Journey-Lantern* benannt) stimmt den Hörer auf das Album ein, ein vorwärtstreibender Rocktune, in dem Oldfield mit dem ihm so typischen Gitarrensound seine ganze Virtuosität präsentiert und Pohjola dezent demonstriert, was in der zweiten Hälfte der Siebzigerjahre beim Synthesizer Stand der Technik war (das übrigens zeichnet das gesamte Album aus: Der Einsatz elektronischer Instrumente ist so pointiert und zurückhaltend eingestreut, dass der Synthie-Sound selbst beim Zugrundelegen heutiger Hörgewohnheiten nicht nervt!).

Sanft führt Pohjola beim Track *Hands Calming The Water* (bei anderen Veröffentlichungen als *Hands Straighten the Water* betitelt) die Melodie auf dem Cembalo ein, bevor der Backgroundgesang Sally Oldfields das Thema aufgreift und das Stück in Mike Oldfields Gitarrenspiel seine Klimax erlebt. Mit *The Mathematician's Air Display* brennen die Musiker ein Feuerwerk ab, das erst ganz still und harmlos – so als könne und wolle man kein Wässerchen trüben – beginnt, um sich dann in immer wilderen Salti zu überschlagen. Am Schluss aber scheinen Oldfield und Pohjola mit Unschuldsmiene zu fragen: »Was echauffiert ihr euch so, liebe Hörer? War da was?«

Die B-Seite des Longplayers ist jazziger: Das zweigeteilte Stück *The Consequences of Indecisions* (auf anderen Veröffentlichungen *The Consequences of Head Bending*): Hochambitionierter Fusion, bei dem Pohjola als Jazzbassist und Jazzpianist brilliert. *False Start* (*False Start of the Shadows*) ist ein humoriges, wie spaciges kleines Musikhäppchen, das das Album mit einem Augenzwinkern beendet.

Für mich persönlich markiert *Keesojen Lehto* auch eine rockmusikalische Wende: Pohjola und Oldfield blicken mit dieser Platte deutlich den Achtzigern entgegen – der Synthie-Sound, die Komposition, die straighte und dennoch klangstarke Produktionsweise passt exakt an die Schwelle der beiden durchaus unterschiedlichen Musikjahrzehnte und transportiert die Tugenden eines in allen Disziplinen gut gemachten Jazz-, Rock- und Pop-Fusion-Albums der Siebziger mit dem unaufdringlichen und von allem Pathos befreiten Sound der frühen Achtziger. Ein gelungener Brückenschlag, der auch heute noch zu begeistern vermag.

Pekka Pohjola, lange Jahre alkoholkrank, starb 2008 57-jährig an den Folgen eines epileptischen Krampfanfalls.

Chumbawamba – Anarchy (1994)

Es kommt immer ein bisschen darauf an, welche Platten man hört, aber spätestens seit Mitte der 1960er-Jahre waren Anarchie und politischer Protest fester – quasi integraler – Bestandteil der Popkultur, durchaus auch der kommerziellen Popkultur. In den 2000er- und 2010er-Jahren brach diese traditionell enge Verbindung leider zusehends auf und wir wurden mehr und mehr mit beliebiger, hipsterkompatibler Singer/Songwriter-Soße mit Mitklatschattitüde zugekleistert (oder besser: zugeschissen).

Dass populäre Unterhaltungsmusik (um einmal diese hölzerne und nicht immer treffsichere Kategorisierung zu bemühen) sich mehr und mehr entpolitisierte, konnte man bereits mit der zunehmenden Verbreitung der Dance Music in den Neunzigerjahren beobachten. Scheinbar lassen sich auf einem Technobeat nicht so ohne Weiteres komplexe politische Messages transportieren. Aber diese Musik bewegte zu ihrer Zeit im besten Wortsinne die Massen – zumindest bot sich hier eine Chance für jeden Musiker, der auch politische Statements an die Hörerschaft bringen wollte.

Chumbawamba, jener Band, die sich bereits 1982 gründete und die der britischen Hausbesetzerszene entstammte, gelang an der Bruchkante von Dance, Hip-Hop, Folk und Punk mit ihrem sechsten Studioalbum *Anarchy*, das im April 1994 erschien, nicht nur ein Lückenschluss, sondern sie schufen ein genreübergreifendes Gesamtkunstwerk, das nachdenklich stimmt, zur Revolution aufruft, tanzbar ist und hohe Musikalität und exzellentes Songwriting präsentiert.

Dass man bei Chumbawamba seit jeher gerne mit Ton und Geräusch tüftelt, ist hinlänglich bekannt. *Anarchy* bildet da keine Ausnahme, das Album ist eingebettet in eine Flut von Soundzitaten, die zwischen den einzelnen Songs aufblitzen, als würde man geräuschvoll mit der Fernbedienung eines alten Fernsehapparates zwischen den Kanälen hin- und herschalten.

Die Songs *Timebomb* und *Enough is Enough* stechen besonders aus dem Album heraus. *Timebomb* ist ein echter All-time-Classic von CHUMBAWAMBA, der schon im Vorjahr des Albumerscheinens als Single ausgekoppelt wurde und besonders im Vereinigten Königreich sehr erfolgreich war – nicht zuletzt, weil man mit der Technoversion des Songs auch einen Clubtune auf die Tanzflächen des Landes brachte. Der Refrain ist übrigens dem von Stephen Stills (von Crosby, Stills, Nash and Young) für seine Band BUFFALO SPRINGFIELD geschriebenen Protestsong *For What It's Worth* übernommen.

Enough Is Enough ist nicht nur eine antifaschistische Hymne von unbändiger Kraft, sondern auch ein gelungenes Mash Up von Reggae, Hip-Hop und Rock, die Songzeile »Give the fascist man a gunshot« ist eine Reminiszenz an den Song *TH9* der ASIAN DUB FOUNDATION. In Österreich wurde das Lied etwa ab dem Jahrtausendwechsel auf den Konzerten CHUMBAWAMBAS immer als Protest gegen den rechtsnationalen Politiker Jörg Haider gespielt und etablierte sich damit als das Protestlied gegen die Nazi-Apologetik der sogenannten »Freiheitlichen« und dem Widerstand gegen die Splitterpartei Bündnis Zukunft Österreich.

Aber auch Songs wie *Homophobia* verdienen Beachtung: Er beschreibt den Mord an einem Homosexuellen und benannte die Homophobie als eine der schlimmsten Krankheiten, deren Virulenz sich mit jedem Mord beziehungsweise mit jedem Übergriff gegen queere Personen verstärke. Das Besondere ist nicht nur, dass er in einer A-Capella-Version seit der Veröffentlichung des Albums und der Singleauskopplung zum ständigen Repertoire der Band gehörte, sondern das Phänomen Homophobie früh einer breiteren Öffentlichkeit durch die Musik zugänglich machte.

Außerdem muss noch auf den hidden track hingewiesen sein – nach dem Song *Rage* erklingt noch einmal eine ironische Version von *Enough is Enough*, glatt geschliffen im Pop-Sound der ausgehenden 1980er-Jahre. Protest nicht nur bei der Musik: Auch das Albumcover, dass die Geburt eines Säuglings fotografisch darstellt, sonst aber in keinem Bezug zur Musik steht, darf als purer Protest, als kalkulierte Grenzüberschreitung, gewertet werden (was dazu führt, dass das Cover immer wieder mal nur zensiert dargestellt wird).

Man kann *Anarchy* nicht in eine Genreschublade stecken – deutlich rockige und folkrockige Klänge verbinden sich mit Hip-Hop und lupenreinem 90s-Dance, das Ganze ist mit ein wenig New-Wave-Sound umsponnen und in aller Regel exzellent tanzbar. Offiziell wird es den Genres »alternative rock« und »anarcho-punk« zugeordnet. Mit Ersterem kann ich mich nicht so recht anfreunden, letztere Zuschreibung mag völlig zutreffen, »anarcho-punk« ist für mich aber keine aussagekräftige Genrebezeichnung. Das macht aber auch nichts. Das Album widersetzt sich höchst harmonisch allen gängigen Abgrenzungen und Zuschreibungen und jeder findet die Anleihe in der Musik, die ihm am besten ins Ohr fließt. Ich denke, dass neben den Texten gerade diese musikalische Integrationsleistung CHUMBAWAMBA im Allgemeinen zu einer Lieblingsband und *Anarchy* im Speziellen zu einer der Lieblingsplatten der Linken in ganz Europa macht.

Zu seiner Zeit war es ein wegweisendes Album, das den Agitprop im zeitgenössischen Sound ans Ohr und Hirn des Hörers transportierte – im Walkman, auf den Dancefloors und hierzulande auch in den Sendungen der Freien Radios. Noch heute lässt sich *Anarchy* mit Genuss und ohne große Kanten hören. Auch wenn mit *Showbusiness* und *Swinging with Raymond* noch zwei Alben Mitte der Neunziger veröffentlicht wurden, die es nicht zu allgemeiner Bekanntheit gebracht haben, antizipiert der 1994 erschienene Longplayer bereits den Sound des kommerziell erfolgreichsten Albums

CHUMBAWAMBAS, das die heute nicht mehr existierende Band unvergessen machen sollte: *Tubthumper*. Aber das ist eine andere Geschichte.

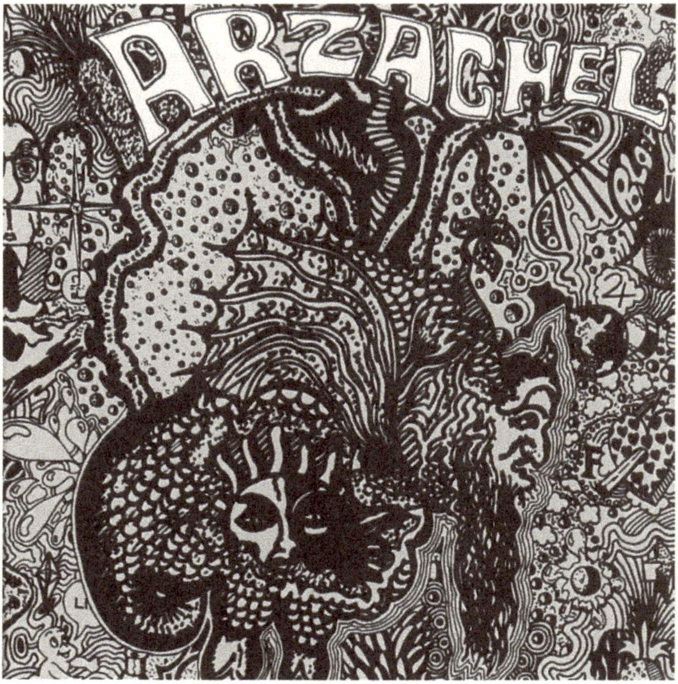

Arzachel – Arzachel (1969)

Es ist nicht ganz einfach – und würde man es ausführlich betrachten wollen, wäre es auch viel zu akademisch – den Canterbury-Sound vom Progressive Rock abgrenzen zu wollen. Daher nur kurz zwei Impulse: Canterbury ist jazzig, zuweilen recht abgespaced und die Musiker stehen nahezu alle irgendwie zueinander in Beziehung (die bekanntesten Bands dieses Subgenres dürften GILGAMESH, SOFT MACHINE und NATIONAL HEALTH sein und die Bezüge der Bands URIEL, EGG und ARZACHEL zu den vorgenannten und anderen zu klären, würde hier auch den Rahmen sprengen) und ihre Wurzeln liegen auch direkt oder über Umwege in der südostenglischen Stadt.

1969 fanden sich Dave Stewart, Steve Hillage (später auch bei KHAN und GONG), Mont Campbell und Clive Brooks zusammen, um das *Arzachel*-Album aufzunehmen, eine reinrassige Auftragsproduktion des zu seiner Zeit für seine Jazzplatten recht bekannten amerikanischen Roulette-Labels. Man wollte bei Roulette schlicht am Psychedelic-Boom jener Tage mitverdienen, hatte aber keine entsprechende Band unter Vertrag. Die vier genannten Musiker bildeten die Besetzung der einige Jahre zuvor gegründeten Band URIEL, die aber erst, reduziert um den aus der Band ausgestiegenen Hillage, als Trio unter dem Namen EGG Platten aufnahm.

URIEL bzw. EGG hatten gerade frisch einen Plattenvertrag mit der DECCA in der Tasche, als sie das Angebot erhielten, einen Progressive-Rock-Longplayer für Roulette aufzunehmen, und so machte man sich, um nicht mit seinem frisch gewonnenen Vertragspartner in Konflikt zu geraten, mit neuem Bandnamen und unter Pseudonymen an die Arbeit. Entstanden ist so das Album *Arzachel* – angeblich innerhalb eines Tages (das scheint mir aber nicht sehr sicher belegt zu sein).

Der Opener *Garden of the Earthly Delights* ist ein wirklich schönes Progrockstück mit sauberem Gitarrensound, einer angenehmen Orgel, etwas düster temperiert und etwas abrupt ausfadend. Schnell finden wir uns beim choralartigen *Azathoth* wieder, dessen dominierendes Orgelintro auch von einem Organisten in der Kirche stammen könnte. Trotz aller folgenden Dissonanzen löst sich das Stück wieder harmonisch auf, die fast schon sakrale Intonation Mont Campbells unterstreicht dies.

Die Harmonien in *Soul Thing (Queen Street Gang Theme)* erinnern mich sofort an *Lola* von den KINKS, aber der Tune ist deutlich langsamer und chilliger. Auch hier dominiert die zutiefst groovende Orgel Stewards – das Instrumental ist für mich das Highlight der Platte. Der vierte Tune, *Leg*, hat irgendwie was von *Going Up the Country*, aber mit ordentlich

Druck und einem honigsüßen Orgelintro, dass dann ebenfalls gehörig groovt: Eine geile Nummer, die man sofort im Ohr und in den Beinen hat! Das Ding steht irgendwo zwischen Blues, Progressive und einem nur schwierig zu fassenden Easy-Rider-Feeling – kurz: Das Teil hat waschechte Hitqualitäten.

Die B-Seite klingt dagegen deutlich mehr trippy. *Clean Innocent Fun* ist ein weder besonders cleaner noch unschuldiger Titel, sondern ein amtlich schrabbelndes Progbrett mit ordentlich Zerre und dennoch sehr akzentuiertem Gitarrenspiel, das die Herzen der Liebhaber des Genres zweifelsohne höherschlagen lässt. Richtig abgedreht, spacig, wird dann das über fünfzehn Minuten lange *Metempsychosis*, beginnend mit einer eruptiven Klangkulisse, die aus einem zeitgenössischen Science-Fiction-Film stammen könnte, löst sich der Sound nie auf, sondern quietscht und eskaliert vor sich hin, um dann in einem sauberen Basssolo zu münden, nach dem wieder aufs Gaspedal gedrückt wird – mitunter enervierend, aber dennoch auch irgendwie mitreißend (man muss die Komplexität, die entsteht, wenn Rock und Freejazz sich innig küssen, aber schon irgendwie mögen).

Kommerziell war *Arzachel* ein Schlag ins Wasser. Auch wenn die musikalische Qualität etwas anderes vermuten lässt, das Cover zeitgenössisch psychedelisch daherkam (die Cover der US-amerikanischen Erstpressung bei Roulette und der britischen Pressung bei den europäischen Veröffentlichungen von Evolution, Vogue und Discomoda unterscheiden sich teilweise erheblich) und obschon die Kaufgewohnheiten der Zielgruppe mit dem Konzept entsprechend berücksichtigt schienen, ging das Album nur selten über den Ladentisch. Niemand wusste mit ARZACHEL etwas anzufangen, niemand kannte die sich hinter Pseudonymen verbergenden Musiker. Heute kann eine gut erhaltene Erstpressung durchaus schon einmal zweitausend bis dreitausend Euro kosten, es gibt von diesem Album aber auch zahllose Nachpressungen und selbstverständlich auch eine (etwas uninspirierte) Wiederveröffentlichung auf CD.

ARZACHELS *Arzachel* bleibt für mich ein musikalischer Glücksgriff, der dokumentiert, wie routiniert und dennoch kreativ in kurzer Zeit ein kommerzielles Konzept für eine Plattenfirma umgesetzt wurde. Es entstand ein Album mit vielen Bezügen zur Popkultur seiner Zeit, das – vielleicht zum Glück, vielleicht, weil es zu kalkuliert war – zwar ein wirtschaftlicher Rohrkrepierer wurde, aber so leicht und selbstverständlich mit vielen Stereotypen der Genres spielt, dass es eine Schau ist. Ein Longplayer, den man definitiv gehört haben sollte.

The Sisters Of Mercy – Floodland (1987)

Gothic oder Gothic-Rock machen sie nicht, die SISTERS OF MERCY. Andrew Eldritch nutzte in der Vergangenheit jede sich nur bietende Gelegenheit, um sich von der Genreschublade »Gothic« zu distanzieren, und stellt in aller Klarheit fest: »Wir sind eine Rockband.«

Ob diese Selbstverortung der Realität tatsächlich standhält, sei einmal dahingestellt, Eldritch hat mit der Feststellung trotzdem dahin gehend recht, dass sich die Musik der »Sisters« auch jenen geneigten Hörern erschließt, die mit dem Genre Gothic gewöhnlich nichts anzufangen wissen.

Floodland, das zweite Album der Sisters, wurde 1987, nach etlichen Streitereien Eldritchs mit dem Rest der Band, quasi von ihm alleine konzipiert und mit Studiomusikern aufgenommen, der Song *Dominion/Mother Russia* und *This Corrosion* in New York, die anderen Titel in unterschiedlichen Studios Großbritanniens.

Festes Bandmitglied der Sisters ist seit jeher Doktor Avalanche (wohl der Einzige, mit dem sich Eldritch nicht überworfen hat), der Drumcomputer, der sehr früh Einsatz fand, weil Eldritchs Schlagzeugspiel wohl nie über das Niveau eines uninspirierten Amateurs hinauswuchs. Nur sehr geübte und bei Musikproduktionen geschulte Ohren aber wissen zu verzeichnen, wie viel der Musik *Floodlands* tatsächlich mit Synthesizern erstellt und auf dem Sequenzer arrangiert wurde. Freilich hört man dem Album heute schon seine Entstehungszeit an, dennoch: Die Produktion ist nicht nur sauber und akzentuiert ausgeführt, sondern auch zeitlos, schnörkellos. Gitarre und Gesang klingen beispielshalber bei *Flood II* mit hoher Präzision, der Synthesizer perfekt auf die Stimmung eingerichtet. *1959* soll Eldritch zufolge komplett programmiert worden sein, ohne dass für den Titel je die Tasten eines Pianos berührt wurden – der Aufnahme ist die synthetische Klangerzeugung im Stile des klassisch-typischen Presets »Grand Piano« sofort anzuhören, nicht aber, dass so ein Instrument nie gespielt, sondern programmiert wurde.

This Corrosion wurde Anfang 1987 in New York produziert, mit einem – so erzählt man sich zumindest – Budget von 50.000 Pfund (für einen einzigen Song wohlgemerkt, nicht für das gesamte Album!) und einem vierzigstimmigen Chor. Nicht nur wegen der pompösen Produktion wurde der Titel als Singleauskopplung ein großer Erfolg.

Die Songtexte, so wird berichtet, entstanden überwiegend in der Kneipe *Mitternacht* in St. Pauli, Eldritch hat sie allesamt selbst geschrieben und sie kreisen um die Themen Selbstfindung, zerbrochene Liebe und Sex, *Dominion/Mother Russia* thematisiert aber auch die Reaktorkatastrophe von Tschernobyl, *This Corrosion* versteht sich Eldritch zufolge als ironische Abrechnung mit seinen Ex-Bandkollegen, die vor dem mindestens exzentrischen Kopf der Band alle in das neue Projekt The Mission geflohen waren.

The Sisters Of Mercy gingen mit dem Album *Floodland* nie auf Tour, ein Umstand, der das damalige Management der Band wohl zur Verzweiflung getrieben haben dürfte. Eldritch zufolge war das Album aber auch nicht als Touralbum angelegt. Stattdessen wurden für die jeweiligen Stücke aufwendige Musikvideos, teilweise in der Wüste von Petra, teilweise in Indien und auch in Londoner Filmstudios gedreht – ein geschickter Schachzug, denn das Musikfernsehen stand in seiner Blüte und mit den aufwendigen Videos ließ sich Band und Album lange im Bewusstsein halten.

Floodland ist ein dunkles, toll produziertes, teils pompöses und dennoch klares Album. Eldritchs sonorer Gesang schafft eine düstere, gefangen nehmende Stimmung – die Platte ist unbestritten ein Meisterstück, wie alle Sisters-Platten (nun gut, es sind nur ganze drei) eben Meisterstücke sind.

Im Hardrock sollen THE SISTERS OF MERCY zwar erst drei Jahre später mit ihrem letzten Album *Vision Thing* ankommen, doch *Floodland* bewegt sich so sicher zwischen den Genres Gothic-Rock, Rock und Postpunk, dass es eine wahre Freude ist und den Sound der Band auch für die breite Masse zugänglich macht. Und so präsentiert sich auch das Cover, dass neben dem vor einen schwarzen Hintergrund montierten Gesicht etwas im Hintergrund auch das halb verschattete Antlitz der zeitweiligen Bassistin der Band, Patricia Morrison und den Vollmond zeigt – akzeptabel und eingängig für unterschiedliche Käuferschichten.

Ten Years After – Naturally Live (2019)

I'm Going Home. Dieser Titel dürfte sich tief in das kollektive Gedächtnis aller Rockfans eingegraben haben, war er doch der einzige Song, der vom Set des Auftritts TEN YEARS AFTERS auf dem legendären Woodstock-Festival filmisch festgehalten wurde. Diese Aufnahme hielt Einzug in den bekannten, das Festival durchaus verklärenden Dokumentarfilm und erreichte über diesen Umweg ein Millionenpublikum. Nun gut, TEN YEARS AFTER waren 1969 bereits eine Nummer im Business, sonst hätte es die britische Bluesrockband wohl kaum in das Line up des Festivals geschafft. 1975 löste sich die Band auf, um Jahre später immer mal wieder zusammenzufinden, in den letzten Jahren mit Joe Gooch, Colin Hodgkinson und Marcus Bonfanti auch in variierenden Besetzungen (Alvin Lee verstarb 2013, Leo Lyons verabschiedete sich Mitte der 2000er von der Band und wandte sich anderen Projekten zu). Damit besteht TEN YEARS AFTER heute aus den Gründungsmitgliedern Chick Churchill am Piano und Ric Lee an den Drums, am Bass ersetzt Colin »Bomber« Hodgkinson Leo Lyons und als Frontmann stieß Marcus Bonfanti zur Band.

Jeder Besetzungswechsel von TYA brachte auch ein neues Studioalbum mit sich, das aktuelle, *A Sting In The Tale*, erschien 2017. Seither touren TEN YEARS AFTER mit schöner Regelmäßigkeit durch Europa und – das muss ich ihnen uneingeschränkt bescheinigen: Die Liveauftritte sind absolut sehenswert, machen richtig Spaß und kommen ohne jede Effekthascherei und ohne jeden Bombast aus! Die vier Musiker spielen ihre Instrumente allesamt erstklassig und – von den exzellenten Soli abgesehen – mit einem gewissen augenzwinkernden Understatement, seit einem halben Jahrhundert stellen Ric Lee und Chick Churchill dies unter Beweis. Aber auch der »Bomber« Colin Hodgkinson (mit Alexis Korner als ALEXIS & COLIN, WHITESNAKE), ein Zauberer am Bass und der »neue« Frontmann Bonfanti harmonieren als Gruppe perfekt. Mit dieser Zusammenstellung haben sich – sehr zu meiner Überraschung – TYA eine jugendliche Frische und Spielfreude bewahrt, die man bei vielen anderen Bands, die so lange im Geschäft sind, oft schmerzlich vermisst.

Im Mai 2018 gastierte die Band in Erfurt und der Gig wurde auf der Doppel-LP *Naturally Live* festgehalten. Die Tracklist nimmt sich höchst variantenreich aus, ist sie doch eine Mischung aus dem Frühwerk, berücksichtigt freilich die großen Hits wie *Hear Me Calling*, *I'd Love To Change The World*, *Good Morning Little Schoolgirl* und natürlich auch das legendäre *I'm Going Home* und beinhaltet auch Lieder des neusten Albums, so zum Beispiel *Land Of The Vandals* und die Bluesnummer *Last Night Of The Bottle*.

Sowohl live wie auch auf Platte vermögen gerade die musikalischen Dialoge zwischen Bonfanti und Hodgkinson zu faszinieren – und jedes Solo steht natürlich für sich. Wie schon weiland in Woodstock, als Alvin Lee bei *I'm Going Home* mit seinem zehnminütigen Gitarrensolo deutlich hervortrat, liefert Bonfanti, betont in dieser Tradition stehend, eine ähnlich pointierte Einlage ab.

Wer TEN YEARS AFTER mag, wer Bluesrock liebt und wer es schätzt, wenn die Jahrzehnte des musikalischen Schaffens einer Band mit einer kaum bemerkbaren Klammer zusammengeführt werden und alte Hits neben neuen Songs auf musikalischer Augenhöhe nebeneinanderstehen, der kommt an *Naturally Live* nicht vorbei. Ja, ich möchte sogar sagen, dass diese Platte zu den besten Livealben der letzten Jahre zählt. Neben der CD-Version rentiert sich besonders die bei Music On Vinyl erschienene Doppel-LP, die nicht nur technisch ausgezeichnet gemacht und auf 1500 Stück limitiert ist, sondern auch mit dem Bonustrack *I Say Yeah* aufwartet.

Das für sich genommen schlichte Cover zeigt hippietypisch das Peace-Zeichen und zwei Friedenstauben, im Inneren des Gatefolds sind die Bilder der Musiker zu sehen. Wer eine dieser limitierten Platten – am besten noch mit den Autogrammen der Musiker im Innenteil – bekommen sollte, der greife zu.

The Who – Who (2019)

Nein, es ist kein Alterswerk, wie einst *American IV* von Johnny Cash oder *You Want It Darker* von Leonard Cohen. Es ist auch nicht als »Befreiungsschlag« urplötzlich altersweise gewordener Musiker zu verstehen, denn den hatten und haben weder Pete Townshend noch Roger Daltrey nötig. Es ist einfach eine gut gemachte Platte, die mit vielen Stereotypen über die Band in durchaus selbstironischer Weise spielt, die nicht der ganz große Wurf, aber eben auch kein Schuss in den Ofen ist. Es ist eine Platte, derer Veröffentlichung unter größtem Erwartungsdruck entgegengefiebert wurde.

Schlicht *Who* nennt THE WHO das Album und allein diese Schlichtheit vermag schon die hinter dem Werk stehende Haltung zu unterstreichen: Jetzt, fünfzig Jahre nach Woodstock, nach vielen Umbrüchen, lange nach dem Tod von Keith Moon und John Entwistle, kann den Musikern, selbst im Bewusstsein, dass nach dreizehn Jahren Studioabstinenz viel von ihnen erwartet wird, egal sein, was letztlich erwartet wird. Nun, das stimmt selbstverständlich nicht so ganz, der Opener *All This Music Must Fade* antizipiert, was Kritiker an dieser Platte einfach kritisieren müssen – diese Musik war schon mal da, sie wird mit der Zeit stumpf wie die Klinge eines Messers oder verblasst – oder doch nicht? Daltrey kommt dem Hörer nämlich schon im Opener ziemlich nah, kraftgeladen nah. Die leise Anspielung aufs eigene Ergrautsein tritt dabei als nette, schalkhafte Randbemerkung in den Hintergrund und bleibt dennoch im Hinterkopf. Schon der erste Song offenbart die Ambivalenzen dieses Albums.

Ball And Chain ist ein routiniert und solide gemachter Rocksong in bester WHO-Manier, so routiniert und solide, dass man Townshend und Daltrey die politische Kritik an der Existenz von und den Zuständen in Guantanamo nicht so recht abkaufen will.

I Don't Wanna Get Wise, *Detour*, *Beads On One String* und überraschenderweise auch *Hero Ground Zero* plätschern hochkarätig, aalglatt und locker-flockig produziert – quasi poppig – vor sich hin. Ja, die beiden verbliebenen »Jungs« von The Who wissen, wie das Business läuft, und verstehen die Wünsche der (mitunter mitgealterten) Fans voll und ganz zu befriedigen. Unauffälliger Fußwippsound, der Freude macht, der ein Lächeln ins Gesicht zaubert und dennoch nicht lange im Gedächtnis nachklingt. *Street Song* wiederum ist mit nachhaltigeren songwriterischen Qualitäten ausgestattet, ein kleines Highlight auf *Who*, auch, weil es vorsichtig, nachdenklich, die Umstände der Brandkatastrophe im Sozialwohnungshochhaus Grenfell Tower in London im Jahr 2017 reflektiert, bei dem 72 Menschen ihr Leben verloren.

Mit der Ballade *I'll Be Back* erlebt die Platte dann eine Zäsur – das Stück wird durch eine Mundharmonika in bestem Michael-Hirte-Sound eröffnet, die selbst hartgesottene Hörer zurückschrecken lässt, sich ein wenig später durchaus entschädigend, aber in einem kunstvollen Bluesharp-Solo schmalzig aus den Lautsprechern ergießen wird – und auch diese Ballade kommt nicht ohne Annotationen zur bewegten Bandvergangenheit aus. Ich beginne mit wiederholtem Hören, dieses Stück, mit dem ich anfangs so gar nichts anzufangen wusste, mehr und mehr in mein Herz zu schließen, trotz der kitschig-flächigen Strings und der musikalischen Erwartbarkeit. Quincy Jones oder James Last hätten an *I'll Be Back* ihre helle Freude. Ich irgendwie auch.

Dunkler gefärbt und voller Rhythmus: *She Rocked My World*, mit dem das Album beschlossen wird.

Was zeichnet diese Platte aus? Nun, zuerst einmal muss man anerkennen: Hier ist jeder Schuss ein Treffer – die gesamte Zusammenstellung ist äußerst souverän und ich zähle *Who* unter die wenigen Alben, die mit jedem Hören hinzugewinnen. Erwähnt werden muss zudem die wirklich perfekte Produktion, die den Zugang dieses Klingenritts zwischen Rock und Pop, der großen Pose alter Musikhelden und den leisen Zwischentönen, deutlich erleichtert. *Who* kann man auch bedenkenlos verschenken, ist die Scheibe doch eine Wundertüte, in der für jeden etwas dabei ist. Auch wenn sich Townshend und Daltrey bekanntermaßen nicht immer ganz grün sind, profitiert *Who* doch stark vom Songwriting Townshends und dem Vortrag Daltreys – sie ergänzen sich auf ihre Weise perfekt, machen die Sache rund und lassen den Zuhörer den altbekannten THE WHO-Spirit atmen. Und was ist mit den Kritikern, die ja bereits im ersten Song direkt angesprochen werden? Die haben natürlich recht – vieles auf dieser Scheibe ist absolut erwartbar. Aber Erwartbarkeit ist ja per se nichts Schlechtes.

Bemerkenswert ist an dieser Platte auch das vom Pop-Art-Künstler Sir Peter Blake gestaltete Cover: In 22 Quadraten montiert der Künstler kleine, ikonische, bildgewordene Anspielungen auf das Schaffen und Wirken von *The Who*. Da ist der für die Mod-Szene so typische Motorroller ebenso vertreten wie ein Modell des »Magic Bus«, der Union-Jack, oft verwendeter Hintergrund von *The Whos* Logo fehlt ebenso wenig wie das Verkehrsschild »Detour«, das nicht nur auf einen Song der Platte, sondern auf den Namen der *The-Who*-Vorgängerband DETOURS anspielt.

Die Deluxe-Version der CD enthält im Gegensatz zum Vinyl drei Bonustracks, *This Gun Will Misfire*, *Got Nothing To Prove* und *Danny And My Ponies*.

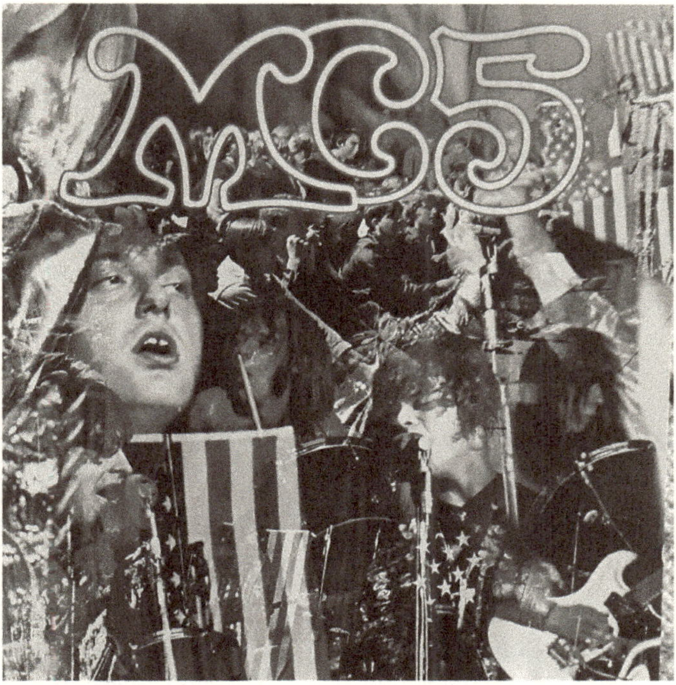

MC5 – Kick Out The Jams (1969)

So häufig kommt es nicht vor, dass ein Debütalbum gleichzeitig ein Live-Album ist.

Bei *Kick Out The Jams* der Detroiter Band MC5 war das der Fall – es musste alles so kommen, wie es kam – Zufälle und die Geschichte ließen eine Platte entstehen, die bis heute ihresgleichen sucht und retrospektiv als eine der Geburtsstunden des Punks gelten darf.

Die Nadel setzt auf:

»Bist Du Teil des Problems oder bist Du Teil der Lösung? Du hast fünf Sekunden, Dich zu entscheiden, Du hast fünf Sekunden, um zu kapieren, wozu Du auf der Welt bist. Es braucht fünf Sekunden, um zu verstehen, dass es Zeit ist, sich zu bewegen. Es braucht fünf Sekunden, um zur Sache zu kommen.«

Die Stimme Brother J. C. Crawfords (bürgerlich Jesse Crawford), eines Aktivisten der White Panther Party, überschlägt sich fast – das ist keine normale Ankündigung einer Band – Brother Crawford schwört das Auditorium mit religiösem Eifer auf das ein, was da kommt:

»Brüder, seid ihr bereit, Zeugnis abzulegen? Seid ihr wirklich bereit? Ich lege vor euch Zeugnis ab! Ich bezeuge: The MC5!«

Und kaum ausgesprochen, knallt auch schon das erste Riff aus den Boxen – *Ramblin' Rose* trifft den Hörer wie ein Hammerschlag.

Nach der politischen Ära des ultrarechten republikanischen Senators Joe McCarthy war Amerika ein in seinen Grundfesten erschüttertes Land mit instabiler Werteordnung (und spätestens seit Präsident Trump ist offenbar, dass es diese Instabilität bis heute nie verloren hat). Der zum Programm erhobene, plumpe Antikommunismus machte viele Intellektuelle mundtot, die Gesellschaft war durch die »segregation«, die Rassentrennung, tief gespalten. Stabilität suchte man im ungebremsten Konsum – und die »Motor City« Detroit stand mit ihrer aus zahlreichen Automobilwerken bestehenden industriellen Monokultur in den 1950er-Jahren für eben dieses durch Mobilität, Massenfabrikation und Konsum starke Amerika. Aber bereits 1967 begann der »amerikanische Traum« in Detroit zu bröckeln: Bei den fünf Tage andauernden, als »12th Street riots« in die Geschichte eingegangenen Rassenunruhen verloren insgesamt 47 Menschen ihr Leben, die weiße Mittelschichtsbevölkerung floh bereits in die Vorstädte, die Kriminalität und Arbeitslosigkeit stieg rasant und von der einstmals reichen und schillernden Motor City entwickelte sich Detroit für die nächsten vierzig Jahre zu einem riesigen sozialen Brennpunkt, verlor über sechzig Prozent seiner Einwohner, ein Drittel der Stadtfläche ist bis heute vom Leerstand gezeichnet, zwischen den Brachen entstanden riesige Gettos. Proteste flammten auf: Der unsinnige Krieg in Vietnam war den jungen Menschen nicht mehr zu vermitteln, der quasi omnipräsente Rassismus betrog Generationen um ihre Lebensträume, Perspektivlosigkeit führte zu überbordender Kriminalität. 1968 lag der amerikanische Traum in Schutt und Asche – die Zeit des Protests war reif für eine Musik, die die notwendige Radikalität des Denkens und die Wut über die Verhältnisse in Töne verwandelte. Und da standen sie auf der Matte, die MC5, laut, hart, kompromisslos, anklagend. Da tanzten sie auf den Scherben der Gesellschaft des *lands of the free* und schrien ihre schiere Wut heraus: »Kick out the Jams, motherfuckers!«

Alleine dieses heute völlig stumpfe »Motherfuckers!« war nicht nur eine Provokation – es war ein Affront gegen Rassisten und Konservative, gegen die alte, gescheiterte Werteordnung, gegen den unaufhaltsamen Untergang, dem das Spießbürgertum nichts mehr Wirkmächtiges entgegenzusetzen hatte. Dies und das offene Bekenntnis zur White Panther Party, einer grundständig linken Organisation, die gegen Rassendiskriminierung, für freien Drogengebrauch, das Ende der Wehrpflicht und frei gelebte Sexualität eintrat und in Solidarität zur Black-Panther-Bewegung gegründet wurde, sorgte dafür, dass das FBI viele Auftritte der Band beobachtete und etliche Plattenläden die Scheibe aus ihrem Sortiment verbannten (nur ein Wort zu dem »motherfucker« – das war stellenweise auch der Elektra, dem Plattenlabel, bei dem das Album erschien, zu heiß; in der Singleversion wurde das Schimpfwort kurzerhand geoverdubbed und durch etwas holprige »brothers and sisters« ersetzt).

Es musste aber erst mal eine Platte aufgenommen werden. Und das ging so:

Die »Motor City Five« existierten in ihrem Kern seit etwa 1965, ihr Rock'n'Roll wurde mit den Jahren immer verzerrter, man ließ die Verstärkerröhren heißglühen und avancierte so zu Lokalmatadoren.

Der Musikmanager Danny Fields war in jenen Tagen so etwas wie ein Talentscout für den Major Elektra. Er entdeckte die MC5 und mit ihnen auch recht zufällig die STOOGES mit ihrem Frontmann Iggy Pop – und nahm beide kurzerhand unter Vertrag. Nun hatte man zwar einen Deal in der Tasche, aber eben noch kein Album. Inspiriert von der massiven Dynamik der Liveauftritte schnitt man einfach am 30. und 31. Oktober 1968 im Grande Ballroom, dem Heimatclub der MC5 in Detroit, zwei Konzerte mit und editierte sie zum Debüt. Das sollte sich sehr schnell als Glücksgriff erweisen, bannte dieser Mitschnitt doch die ganze Power der Band auf die schwarze Scheibe. Die späteren Studioalben *Back in the USA* und *High Time*, von der Kritik viel gelobt, konnten nicht an den Erfolg der ersten Platte anknüpfen.

Die Musik, die aus den Boxen klingt, ist radikal und besitzergreifend. White-Panther-Begründer und unter anderem auch zeitweiliger Bandmanager der MC5, John Sinclair, kann diesen Sound gut brauchen: So sagt er 1969 gegenüber dem *Spiegel*, die Musik »peitscht die Zuhörer auf die Straßen, bis sie schreien, kreischen und alles niederreißen, was die Menschen zu Sklaven macht«. Und das hört man – und einen Teil dieser Energie verströmt die Platte bis heute, zum Beispiel in den Songs *Come Together*, *Borderline* oder *I Want You Right Now*.

Und selbstverständlich, die Scheibe ist schließlich nicht aus der Zeit gefallen, gibt's auch ein richtig verscheppertes trippy Progbrett auf die Ohren – mit *Starship* wird das Album beschlossen.

Es ist nicht überliefert, dass *Kick Out The Jams* angelegt wurde, um mit musikalischen Traditionen hart zu brechen, im Gegenteil: Das fast programmatisch klingende *Motor*

City Is Burning ist ein John-Lee-Hooker-Cover – aber genau das ist letztlich passiert: MC5 antizipieren den Punk und geben dem gerade erst in Entstehung begriffenen Hardrock eine ordentliche Portion Geschwindigkeit mit auf den Weg.

Natürlich gibt es von einem so oft wiederveröffentlichten Album wie *Kick Out The Jams* etliche Ausstattungsversionen der Platte. Das bekannte und in der Popkultur oft zitierte Cover wurde von Elektras Art Director William S. Harvey unter Rückgriff auf die Fotografien von Joel Brodsky (allein die Fotos von 400 Albencovern werden ihm zugeordnet) und besonders Leni Sinclair, der Gattin des White-Panther-Party-Mitbegründers und zeitweiligen MC5-Managers John Sinclair gestaltet. In zeitgenössischer Gestaltung nimmt die Montage dieser bei Auftritten geschossenen Aufnahmen viel vom ungezähmten Ausdruck des Albums vorweg.

Über fünfzig Jahre später ist sie immer noch spürbar, diese unbändige Wut, nach vorne getrieben von einer urwüchsigen Kraft, roh, ungeschliffen und unvermittelt direkt. Und so ist das Album auch noch heute ein idealer Soundtrack für Lebensphasen, in denen Rebellion das Überleben sichert, in denen wir widerstehen müssen, in denen sich die Kraft der Veränderung Bahn bricht.

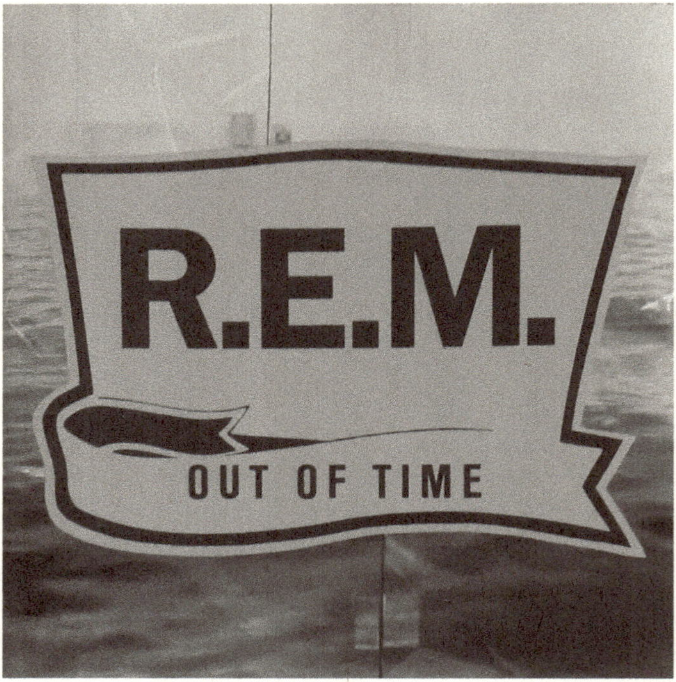

R.E.M. – Out Of Time (1991)

Es ist sicher nicht übertrieben, R.E.M.s *Out Of Time* als einen Markstein zu bezeichnen.

Schon das Vorgängeralbum *Green* war in den USA ein Erfolg, mit *Out Of Time* gelang den Amerikanern aber auch in Europa der Durchbruch, sodass sich dieser »Vorarbeit« geschuldet das Folgealbum *Automatic For The People* ein Jahr später mit seinen Hits *Man On The Moon* und *Everybody Hurts* schnell als Bestseller etablieren konnte.

Die Fakten sind flott zusammengetragen: *Out Of Time*, das siebte Studioalbum der Band, wurde im März 1991 veröffentlicht, die Single *Loosing My Religion* war schon vorher erschienen, *Shiny Happy People* sollte in Deutschland die zweite Singleauskopplung sein.

Nummer eins in den USA und im Vereinigten Königreich, ausgezeichnet mit drei Grammy Awards. 18 Millionen verkaufte Platten (dies rechnet auch die Verkaufszahlen der Sonderedition zum 25-jährigen Erscheinungsjubiläum mit ein). Bis heute haben die beiden Singles ein gutes Radio-Airplay, gerade *Loosing My Religion* entwickelte sich zu einem All-Time-Classic. R.E.M. gingen mit dem Album nie auf Tour, es wurden aber einige aufwendige Musikvideos produziert.

Man mag zweifeln, ob R.E.M.s *Loosing My Religion* von Anfang an als Hit geplant war, die Entstehung der markanten, auf der Mandoline gespielten Melodie wird vom Gitarristen Peter Buck als ein eher zufälliges Ereignis kolportiert. Sehr schnell war man sich aber der Stärken des Songs bewusst und erkor ihn, den Bedenken der Plattenfirma zum Trotz, zur ersten Singleauskopplung, die bereits einen Monat vor Erscheinen des Albums veröffentlicht und aus dem Stand ein großer Erfolg wurde – und bis heute ist: Kaum ein Radiosender mit der Programmfärbung Adult Contemporary oder Album Oriented Rock (sogar in die typischen Middle Of The Road Rotations hielt der Hit schnell Einzug) kommt bis heute an diesem Klassiker vorbei – weltweit!

»Loosing My Religion«, das ist eine feststehende Redewendung, mit der man in den amerikanischen Südstaaten zum Ausdruck bringt, dass man von einer Sache schwer genervt ist – vom Zustand der Welt zum Beispiel. Oder zerbrochenen Beziehungen. Oder … ?

Low ist ein tiefer, ruhiger und nachdenklicher Track, der berührend schnell vom Zuhörer Besitz ergreift, die Orgeluntermalung, der diskrete Bass, die Klarheit der Vocals, das zarte Timbre der Streicher macht den Tune mit seinem wuchtigen Feingefühl zu einem heimlichen Highlight der Platte. »I skipped the part about love.«

Endgame kommt gänzlich ohne Text aus und spielt so locker, leicht und befreit auf, dass es einem ganz automatisch die Mundwinkel nach oben zieht. Ein so federndes Instrumental hätte man auf der eher nachdenklich gehaltenen Platte nicht vermutet.

Mit *Shiny Happy People* knüpft die Band an den Sound der Vorgängerscheibe *Green* an. Kate Pierson von den B-52s singt mit Mike Mills bei dieser ironisch-fröhlichen Nummer im Duett und schon ist die nächste Hitsingle geboren. Weitere Anspieltipps: *Half A World Away* und *Country Feedback*.

Was R.E.M. gelingt: Sie bleiben immer R.E.M., man erkennt sie nach den ersten Takten sofort. Sie sind sympathisch, skandalfrei, engagiert, im Folk wie im Rock zu Hause. Der Longplayer *Out Of Time* klingt zeitlos, Anfang der Neunzigerjahre trägt er den Ruhm der Band in die Welt hinaus und gibt dem Alternative-Rock-Geschehen sowohl in den USA wie in Großbritannien für mindestens ein Jahrzehnt einen entscheidenden Impuls.

Zum Cover und Packing der Platte gibt es noch eine interessante Geschichte, die ich hier schnell erzählen möchte: Wer in Deutschland die CD oder LP kaufte, der sah sich mit einem auffälligen und zugleich generischen Design konfrontiert: Ein verwaschener Background, vor den zwei stilisiert ineinanderlaufende gelbe Banner, in schwarzer Blockschrift Albuminterpreten und Albentitel nennend, gesetzt wurde. So unspektakulär sahen in den Neunzigern Alternative-Platten aus.

Der Siegeszug der CD dauerte in den USA etwas länger als in Europa – und so etablierte sich neben der klassischen Schallplattenhülle aus bedrucktem Karton und dem Jewel-Case, also einer annähernd quadratischen, aufklappbaren CD-Hülle aus transparentem Hartplastik, etwas größer als die CD selbst, auch eine dritte Verkaufsverpackung für CDs, nämlich die Longbox. Die Longbox war etwas breiter als eine CD und so hoch wie das Cover einer Schalplatte –

etwa dreißig Zentimeter. Zweck der Longbox war, dass sie in den Plattenläden in die bestehenden Regale und Verkaufssysteme (»Blätterkisten«) der Langspielplatten einsortiert werden konnte und dem Kunden beim Durchstöbern des Sortiments sowohl das analoge als auch das digitale Medium an einem Ort angeboten wurde. Die Longbox war gebräuchlich, aber nicht beliebt. Sie stellte die Gestalter der Alben vor die Herausforderung, die Cover auf das ungewöhnliche und sperrige Format umzuarbeiten, der CD-Käufer sah sich mit dem Problem konfrontiert, die viel zu lange Hülle in seine bestehende Musiksammlung zu integrieren.

R.E.M. hingegen fanden für die Longbox eine sinnvolle Verwendung. Sie nutzten den Platz der Rückseite der nur in den USA erhältlichen Longbox, um eine Petition der »Rock The Vote«-Kampagne zu kommunizieren, die eine wesentlich vereinfachte Registrierungsmöglichkeit für alle Bürger als Wähler forderte. Der Erfolg ließ nicht lange auf sich warten, Zehntausende junge Erwachsene zeichneten die Petition mit, die Erklärungen wurden in Einkaufswägen in die Senatsanhörungen gerollt und letztlich sollte die Kampagne erfolgreich sein und wesentliche Vereinfachungen zur Wahrnehmung des Wahlrechts für die Bürger der USA mit sich führen. Und so wurde das Cover von *Out Of Time* zum wohl politisch wirksamsten in der Geschichte der Vereinigten Staaten.

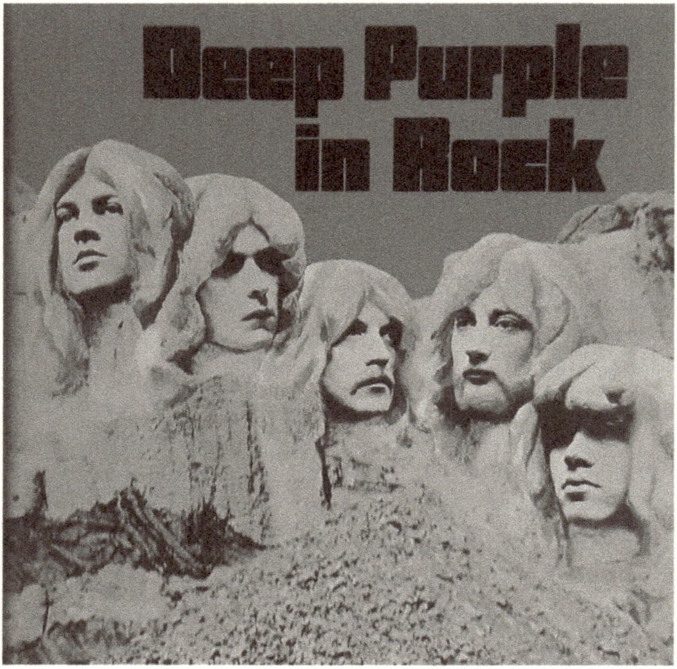

Deep Purple in Rock (1970)

Man möchte es kaum glauben: Mehr als fünfzig Jahre ist es nun her, dass die Musiker der britischen Band DEEP PURPLE das Album herausbrachten, das sie zu dem machen sollte, was sie noch heute sind: Hardrock-Ikonen! Über fünfzig Jahre soll es nun her sein, dass mit dem Album *In Rock* einer der wesentlichen Wegbereiter des Heavy Metal das Licht der Öffentlichkeit erblickt. Schier unglaublich, denn man hört der Platte ihr halbes Jahrhundert nicht an.

Wenn man DEEP PURPLE-Fans nach dem ihrer Meinung nach besten Album der Band fragt, werden in aller Regel nur zwei der mittlerweile zweiundzwanzig Studioalben genannt: *Machine Head* und *In Rock*. Und obschon *Machine Head*

DEEP PURPLES größten Hit *Smoke On The Water* enthält, halte ich *In Rock* für den größeren, den wahren Meilenstein – nicht nur in der Band-, sondern auch der Musikgeschichte. Warum? Weil die Scheibe für die Siebzigerjahre das ist, was NIRVANAS *Nevermind* für die Neunziger bedeutete: einen Bruch, einen Abschied vom alten Sound und die Hinwendung zu einem neuen musikalischen Jahrzehnt. *In Rock* etabliert den Hardrock, antizipiert den Metal, vermischt lange, elegische Stücke mit kurzen Nummern und verabschiedet sich auch ein Stück weit von der Tradition, Alben mehr oder weniger deutlich erkennbare Konzepte zu verleihen (das Konzeptalbum ist damit noch lange nicht ausgestorben, aber der Anspruch, ein Album so zu gestalten, dass es als konzeptionelle Einheit verstanden werden kann, tritt zunehmend in den Hintergrund).

Freilich steht DEEP PURPLES *In Rock* zu seiner Zeit nicht allein für eine härtere Spielart des Rocks, BLACK SABBATH haben einige Monate vor Erscheinen von *In Rock* zwei Alben auf den Markt gebracht (*Black Sabbath* und *Paranoid*), ein knappes Jahr vorher stand LED ZEPPELINS *II* mit dem Knaller *Whole Lotta Love* in den Plattenläden. Unbestritten aber ist, dass *Paranoid*, *II* und eben auch *In Rock* als erste stilprägende Werke des Genres gelten dürfen.

Der Sound ist krachend und laut – aber nicht so rotzig, wie man es heute wohl machen würde. Selbst in der berühmten »Mark II«-Besetzung, für die *In Rock* das erste Album ist (die neue Formation ist nicht nur für den neuen Sound maßgeblich, sondern auch dafür verantwortlich, dass die Band sich nachhaltig als Top-Act etablieren kann), dreht man den Gain-Regler nicht komplett nach rechts, sondern lässt Raum für Soli, für Virtuosität und Spannweite. Und so baut die Platte nicht allein einen enormen Druck auf, sondern lässt den Hörer auch in ihre nahtlosen Tiefen eintauchen.

Schon der erste Riff von *Speed King*, gefolgt von einer sehr ruhigen, fast sakralen Passage an der Orgel, schlägt voll ein (in diesen Genuss kommt man allerdings nur dann, wenn man die 1995 remasterte Version der Scheibe auflegt, die Originalpressung bzw. die Nachpressungen der 1970er- und 1980er-Jahre bieten beim Opener einen recht unvermittelten Einstieg, der aber nicht weniger »Bums« hat). Keine Minute ist vergangen und Ritchie Blackmore und Jon Lord treten in einen wechselseitigen musikalischen Dialog, der über viele Stücke der Platte fortgeführt wird, mal als Disputation, mal in klassischen »Frage-Antwort«-Figuren, mal ganz subtil. Mit dem ersten Einsetzen Ian Gillans Gesang ist man gefangen von der jähen Wucht der »DP«. Dieser Opener hat schon alles im Gepäck, was im nächsten Jahrzehnt guten Hardrock ausmachen wird – gewaltige Gitarrenriffs, die auf der Welle eines wuchtigen Basses mit kreischendem Gesang den Hörer mitreißen. Weit weniger komplex, dafür nicht minder energiegeladen kommt der Titel *Bloodsucker* daher. Schon das Intro des nun folgenden Songs *Child in Time* ist weltbekannt. Die leise und inständig an der Hammondorgel intonierte, quasi verträumte Melodie wird zurückhaltend-sanft vom Schlagzeug begleitet, bis Gillans eindringlicher Gesang einsetzt, der sich bis zu spitzen, angsterfüllten Schreien steigert und binnen Kürze eine schier unglaubliche Präsenz erreicht. Um *Child in Time* ranken sich viele Anekdoten: Eher beiläufig sei das Stück entstanden, der Text sei Improvisation und Ian Gillans hoher, schreiender, anklagender Gesang sei eigentlich der viel zu engen Hose, die der Sänger im Proberaum getragen haben soll, geschuldet. Verstanden wurde das Lied als Protest, als Fanal gegen den Vietnamkrieg – Deep Purple haben sich nie gegen diese Interpretation gewehrt und das Zusammenspiel von Text und Musik legt im Kontext der Entstehungszeit des Songs eine solche Auslegung auch nahe. Der knapp zehnminütige Tune ist durch seine Intensität in die jüngere Musikgeschichte eingegangen – als Musterbeispiel für tief gehenden Hardrock.

Auch die anderen Titel sind allesamt wohlbekannte Klassiker, so zum Beispiel *Living Wreck*, *Hard Lovin' Man* oder *Black Night*, die sich auch nach fünfzig Jahren noch nicht abgegriffen haben.

Ein All-Time-Classic – in Stein gemeißelt: Auf dem Cover sehen wir das Mount Rushmore Memorial, aber nicht mit den aus dem Berg heraustretenden Köpfen der Präsidenten Washington, Jefferson, Roosevelt und Lincoln, sondern eben denen von Ritchie Blackmore, Ian Gillan, Roger Glover, Jon Lord und Ian Paice. *In Rock* ist für mich persönlich das beste DEEP PURPLE-Album. Es hat all die Jahre nichts von seinem Glanz und seiner Energie eingebüßt – und dabei wollte es doch gar nicht glänzen. Egal, ob man nun Rocker oder Metalhead ist oder beides oder keines von beiden – *In Rock* ist Konsens.

Little Feat – Time Loves A Hero (1977)

Dem 1945 geborenen Kalifornier Lowell George war leider nur ein kurzes Leben beschieden. Der Multiinstrumentalist und Ausnahmemusiker war Mitglied in zahllosen Bands, neben Frank Zappa prägte George maßgeblich die MOTHERS OF INVENTION der späten 60er-Jahre, deren Sänger er zeitweise war.

Nachdem sich George mit Zappa überworfen hatte, stieg er bei den »Mothers« aus, nahm gleich noch den talentierten Bassisten Roy Estrada mit und machte kurzerhand eine eigene Combo auf: LITTLE FEAT. Die ersten Alben erhielten zwar glänzende Kritiken, erfüllten aber nicht die in sie gesetzten kommerziellen Erwartungen. Das sollte sich erst Mitte der Siebziger ändern, LITTLE FEAT hatten ihren Sound etwas optimiert. Und so entstand 1977 das Album *Time Loves A Hero*, das nicht allein jazzrockig daherkam, sondern ein richtiggehend funk-rhythmisches Feuerwerk abbrannte.

Mit ihrem aufgeladenen Funk trifft die Scheibe natürlich einen Nerv – den Nerv der Zeit. 1977 ist das Jahr, in dem »Funk'n'Disco« seine kommerzielle Blüte erlebt, BACCARAS *Yes Sir, I can Boogie* belegt wochenlang Top-Platzierungen in den Charts, das legendenumwobene Studio 54 in New York eröffnet. Der Film *Saturday Night Fever* feiert Premiere. Da dürfen natürlich auch die Routiniers von LITTLE FEAT nicht fehlen.

Und dennoch ist die Platte eben keine Funk-Platte, auch wenn der Opener *Hi Roller*, geprägt von einer breiten Brass Section, dem groovenden Rhodes-Piano und vor allem dem Soul in Georges Stimme, das verspricht. Das Instrumental *Day At The Dog Races* ist eine waschechte Jazzrock-Nummer, *Old Folks Boogie* feiert den Bluesrock jener Tage einmal mehr richtig ab.

In *Time Loves A Hero* trifft Rock auf Funk auf Jazz auf Blues auf einen Hauch von Folk. Was ist das? Fusion? Im engeren Sinne nicht. Funkrock? Im engeren Sinne auch nicht. Das Ding groovt wie Sau. So locker und unbeschwert, wie LITTLE FEAT über die Genregrenzen hinwegschreiten, spielt eine Genrezuordnung genau gar keine Rolle mehr. Und das Album ist mehr als nur eine »kleine Meisterleistung«.

Beschlossen wird die Scheibe mit der Folk-Ballade *Missin' You*, einem rührenden, blitzsauber emotional arrangierten Stück. Obgleich unterschiedlichste Stile aufeinandertreffen, immer ist hörbar, dass hier LITTLE FEAT musiziert, das Album ist aus einem Guss und macht vom ersten bis zum letzten Takt Spaß. Und auch äußerlich ist von Weitem zu erkennen, dass es sich um ein Album von LITTLE FEAT handelt, schließlich zeichnete Neon Park in seinem unverwechselbaren Stil alle Albencover der Band (ausgenommen das Debüt).

Lowell George war nicht nur ein hervorragender Sänger und hochambitionierter Gitarrist – er ist ein bedeutender Vertreter der US-amerikanischen Rockmusik der Siebziger. *Time Loves A Hero* sollte nicht nur eine musikalische Trendwende bei LITTLE FEAT markieren, sondern auch das vorletzte Studioalbum der Band sein. George starb 1979 34-jährig an einem Herzinfarkt, kurz vorher hatte sich die Band aufgelöst.

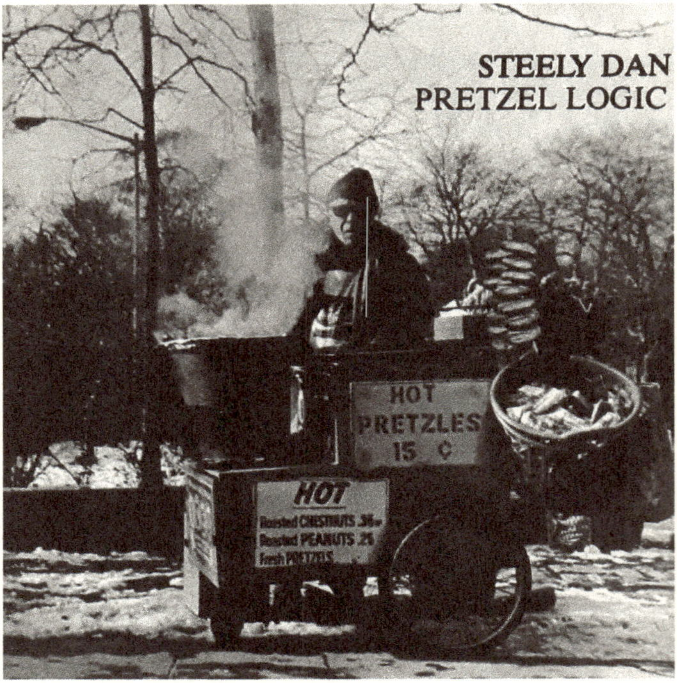

Steely Dan – Pretzel Logic (1974)

Fluffiger, luftig aufgeschlagener Westcoast-Rock, der ohne große Widerstände ins Ohr fließt, großes Songwriting und mit dem Opener *Rikki Don't Loose That Number* wird hier gleich der größte Hit der Band frei Haus geliefert: STEELY DANS drittes Studioalbum *Pretzel Logic* ist ein absoluter Klassiker geworden, ein Album, das in keiner Sammlung fehlen darf und das auch tatsächlich in kaum einer Plattensammlung fehlt.

Heute ist *Pretzel Logic* mit Sicherheit kein Album, das man tagtäglich auflegt, aber die Scheibe aus dem stimmungsgeladenen Schwarz-Weiß-Gatefold mit dem Brezenmann, der auch geröstete Erdnüsse und heiße Kastanien an seinem

Wägelchen verkauft (eingefangen von der in jenen Jahren im US-amerikanischen Art-Rock omnipräsenten Porträtfotografin Raeanne Rubenstein), zu nehmen und aufzulegen, ist jedes Mal ein Fest.

Steely Dan, diese Band, die von den zwei Ausnahmetalenten Walter Becker und Donald Fagen getragen wurde, feierte in den 1970er-Jahren ihre größten Erfolge – und *Pretzel Logic* ist ihre erfolgreichste Platte. Und auch wenn ich sie als (wohlgemerkt nicht im negativen Sinne) glatt und eingängig bezeichne, so nimmt sie doch Bezug zu vielen Stilrichtungen, allen voran Jazz und Funk, aber auch Blues und nicht zuletzt eine ordentliche Portion Pop sind die Zutaten einer einzigartigen musikalischen Mixtur, die sich homogen verbunden hat und so eben erst die eingangs erwähnte »Fluffigkeit« mitbringt.

Das einleitende und leicht spacig vor sich hinklimpernde Marimbaspiel (beigesteuert von Victor Feldmann, im Radio-Edit hat man es kurzerhand weggelassen), kündet noch nicht von dem, was nun folgen soll: *Rikki Don't Loose That Number* ist Steely Dans Hit schlechthin, im Kern ein reinrassiger Poptune, den jeder im Ohr hat und der zur festen Rotation vieler AOR- und AC-Stationen zählt. Wenn ein Album so fulminant eröffnet wird, muss man sich als Band ganz schön strecken, um das Niveau zu halten …

… und allen Unkenrufen zum Trotz gelingt das.

Purer Funk – so lässt sich wohl am besten die folgende Nummer beschreiben: *Night By Night* repräsentiert den zeitgenössischen Sound der Mid-Seventies, und würde in der Bridge nicht Walter Beckers Gitarrenspiel den Song wieder auf die Rock-Ebene hieven, man müsste hier ebenfalls von lupenreinem Pop sprechen. *Any Major Dude Will Tell You* lebt von Fagens im Ausdruck höchst wandlungsfähiger Stimme.

Bemerkenswert ist auch die nun folgende Interpretation des Ellingtonschen Jazz-Standards *East St. Louis Tood-*

le-Oo. Reminiszenzen an die eigenen musikalischen Wurzeln glücken bekanntlich nicht immer, doch gerade das »Toodle-Oo« dudelt mit dem Dämpfer auf der Trompete so hüpfend heiter, dass es eine wahre Freude ist.

Das dem Album seinen Titel gebende *Pretzel Logic* ist ein fulminanter Jazz-Funk-Rock-Pop-Hammer, straight gesungen, Walter Beckers Gitarrenspiel bleibt immer auf dem Punkt, das Rhodes-Piano, dass dem Song seinen unverwechselbaren Charakter verleiht, dringt zurückgenommen mit leiser, aber fordernder Präsenz ans Ohr. Ein Stück Musik für die Ewigkeit, aber auch ein verkanntes Stück, denn trotz Singleauskopplung schaffte es *Prezel Logic* nie aus dem Schatten der Hitsingle *Rikki …*

With A Gun, ein quasi prototypischer Südstaaten-Rocksong, extrem präzise gespielt, mit deutlichen Country-Anleihen, aber angenehm vorpreschender Geschwindigkeit, und die bluesinspirierte Funknummer *Monkey In Your Soul*, die das Album beschließt, sind weitere Anspieltipps.

Mit einem Plattendeal von abc Records in der Tasche lässt sich freilich auf höchstem Niveau produzieren. Die Platte wurde im traditionsreichen The Village in Los Angeles produziert (das Tonstudio blickt unserer Tage auf eine annähernd hundertjährige Geschichte zurück). Fagen und Becker galten zudem, was Sound, aber auch Präzision ihres Spiels betraf, als absolute Pedanten, und so nimmt es nicht wunder, dass selbst die Erstpressung heute noch wie eine zeitgemäße Top-Produktion klingt. Das Mixing der Scheibe ist schlicht perfekt.

So großzügig die Produktionsumstände des Albums gewesen sein mögen, so schwierig war das Verhältnis der Perfektionisten Donald Fagen und Walter Becker zu ihren übrigen Bandkollegen. *Pretzel Logic* ist das letzte Album des »stählernen Dildos« (nichts anderes ist der Steely Dan, entliehen aus William S. Burroughs Zettelsammlungs-Roman *Naked Lunch*) mit fester Band-Besetzung.

In einer Sache wird das Album seinem Titel nicht wirklich gerecht: So verschlungen wie eine Brezel ist die Logik des Albums nicht – denn es ist wirklich wie aus einem Guss geschmiedet, der Hörer ist sofort drin, harmonisch plätschernd, ohne große Brüche in der Dramaturgie ist die Platte ein butterzart schmeichlerisches Werk – samten eingesungen, mit höchster Akribie eingespielt und im besten Wortsinne smooth.

Vielen Rezensenten gilt *Prezel Logic* als STEELY DANS beste Platte. Dem ist eigentlich nichts hinzuzufügen.

The Verve – Urban Hymns (1997)

Wären die Neunzigerjahre ohne Britpop, ohne Oasis – und auch ohne Blur – musikalisch denkbar? Sicher nicht. Zu den gerade genannten, international höchst erfolgreichen Britpoppern gesellte sich ab 1997 aber noch eine weitere Band: The Verve.

Wobei: Diese Betrachtung ist eine zutiefst deutsche, denn hierzulande waren The Verve bis zum Release von *Urban Hymns* tatsächlich nur Eingeweihten und musikinteressierten Großbritannienreisenden ein Begriff.

Als die ersten Satellitenspiegel zum Fernsehempfang aufkamen, war es auch in unseren Breiten möglich, ein Hörfunkprogramm namens BBC Radio 1 Northern Ireland zu empfangen – und dort hörte man die Songs diverser Musikergrößen zwei Jahre, bevor sie in Kontinentaleuropa erfolgreich sein sollten. So schaffte es dann auch die Musik Richard Ashcrofts über diesen Kanal an mein Ohr. In UK genoss er nämlich eine hohe Bekanntheit: Oasis waren Anfang der 90er beispielshalber die Vorband von Verve (damals noch ohne das »The«, das erst eingeführt wurde, als das Plattenlabel Verve die Band wegen angeblicher Verwechslungsgefahr verklagte), ein Umstand, den man sich heute kaum mehr vorzustellen vermag.

Die Geschichte von The Verve war von vielen Verwerfungen geprägt. Insbesondere die Dauerstreitigkeiten zwischen Richard Ashcroft und dem Gitarristen Nick McCabe belasteten die Band. Auch Ashcrofts Drogenexzesse waren der musikalischen Arbeit nicht immer dienlich. Man löste sich 1995 auf, um kurz danach doch wieder zusammenzufinden, genauer: McCabe stieg aus der Band aus, dann aber wieder ein. Man konnte zwar nicht mit – aber noch viel weniger ohne einander. Und so entstand unter Spannungen dann zwischen Oktober 1996 und August 1997 der ganz große Wurf – das Album *Urban Hymns*.

Und schon mit dem Opener landeten THE VERVE einen Treffer ins Schwarze, die bittersüße Symphonie philosophiert über die Gleichförmigkeit des Lebens und trifft mit diesem Thema einen zeitlosen Nerv. Die Qualitäten des Songs mit dem bekannten, nicht bekannten, vermeintlichen Stones-Sample sind schon bei den ersten Takten erkennbar, *Bitter Sweet Symphony* wurde binnen Kurzem Chartbrecher in Europa, prägte den Soundtrack zum Film *Eiskalte Engel* und wanderte als Werbesong für Nike auch an die Spitze der US-amerikanischen Charts.

Doch damit nicht genug – zu *Bitter Sweet Symphony* gibt es eine interessante Geschichte zu erzählen, die gleichzeitig viel über Funktionen und Dysfunktionen des Musikbusiness zu berichten weiß – und das wegen eines Samples, also eines kleinen Musikausschnitts, dem quasi die Rolle eines musikalischen Zitats zukommt:

Der ziemlich klassische und wohlbekannte Rock 'n' Roll-Tune *The Last Time* von den ROLLING STONES verfügt natürlich über keine Streicher, so wie sie in *Bitter Sweet Symphony* zu hören sind, das hätte 1965 überhaupt nicht zum Stones-Sound gepasst. Aber der umtriebiger Stones-Manager Andrew Loog Oldham hatte bereits zur damaligen Zeit eine interessante, kommerziell aber eher mäßig erfolgreiche Idee: Er sicherte sich die Rechte an gängigen Stones-Songs und verwertete diese orchestral, um mit diesen bekannten Melodien eine Zielgruppe zu erschließen, die mit dem doch recht schroffen Rock'n'Roll-Sound der Mid-60s nichts anzufangen wusste. Es war, wir erinnern uns, die Blütezeit des Easy Listening – und genau in diese Kerbe schlug Oldham mit seiner als ANDREW OLDHAM ORCHESTRA herausgebrachten Scheibe *The Rolling Stones Songbook*. Denn genau von dieser Platte stammt das bekannte Streicher-Sample, dass *Bitter Sweet Symphony* so berühmt machen sollte. Nun, wer sich diesen Song einmal auf einem der großen Videoportalen anhört, wird unweigerlich feststellen, dass die Andrew-Oldham-Version von *The Last Time*, im Übrigen ein sauber und treffsicher arrangiertes Instrumental mit leichtem Hang zum Bombast, im besten Fall von der Rock'n'Roll-Nummer inspiriert wurde, im weiteren Sinne aber nur wenig mit dem Originalsong zu tun hat. THE VERVE taten, was nur folgerichtig war: Sie sicherten sich die Rechte an den fünf relevanten Takten der Oldham-Version bei der Decca und koppelten *Bitter Sweet Symphony* als Single aus. Und damit nahm das Unglück seinen Lauf: Die Gesellschaft Abkco Records hält bis heute die Verwertungsrechte an allen Stones-Songs bis 1971, der THE VERVE-Manager Jazz Summers versuchte, die Rechte für die bittersüße Symphonie bei Abkco einzuholen – vergeblich. Man sagte schlicht »nein« und damit wurden THE VERVE und Ashcroft beliebig erpressbar. Der seit Jahrzehnten multimorbide, 2009 verstorbene und in der Musikszene gleichermaßen bewunderte wie zutiefst verachtete Abkco-Chef Allen Klein zwang, so wird berichtet, Ashcroft, ihm die kompletten Rechte an *Bitter Sweet Symphony* für einen Dollar zu verkaufen. Und so blieb für THE VERVE sowohl aus den Verkäufen der Single wie auch des Albums tantiemenmäßig nur sehr wenig hängen, den großen Reibach machten andere – bis 2019. Nun verzichteten nämlich, Klein war da schon zehn Jahre unter der Erde, Mick Jagger und Keith Richards auf die Rechte.

THE VERVE verloren damit viel, konnten sie doch mit ihrem größten Hit – bis heute ein Welthit – zweiundzwanzig Jahre lang keinen Penny verdienen.

Doch auch die zweite Singleauskopplung des Albums, *The Drugs Don't Work* erreichte aus dem Stand Platz 1 der britischen Charts. Der Song, der nebenbei zum traurigsten Popsong aller Zeiten gekürt wurde, thematisiert, wen wundert es, Ashcrofts schwieriges Verhältnis zu Drogen.

Und noch ein Song sticht aus dem Album äußerst positiv hervor: *Lucky Man* ist eine leichtfüßige, federnde Hymne, gereichte damit zur dritten Singleauskopplung des Albums und platzierte sich natürlich wiederum sehr gut in den internationalen Hitparaden. Doch das Teil ist nicht einfach nur eine gut gemachte Popscheibe – mit Songs wie *Space and Time* (der durchaus getragen beginnt), *The Rolling People* und *Come On* zeigen THE VERVE, dass sie auch abseits der großen Melodien mächtig auf den Pudding klopfen können.

Urban Hymns ist ein Album, das um seine drei Hymnen schöne Rocksongs drapiert, die den Hörer in unterschiedlichste Gefühlslagen mitnehmen, es ist ein Album, mit dem man im positiven, im besten Wortsinne nichts falsch machen kann. Und es ist ein Album, das sich heute noch ganz hervorragend hören lässt, das nicht nur im Gedächtnis, sondern auch in der Zeit bleibt.

Der *Spiegel*-Rezensent ordnete das Album seinerzeit als großen Gitarrenrock neben RADIOHEADS *Ok Computer* ein, beschrieb es aber als »kein perfektes, großes Meisterwerk«. In meinen Ohren ein Irrtum, die Größe, die Bedeutung der Platte war bereits beim ersten Anspielen augenfällig. Immerhin verstand man es weiland beim *Spiegel*, *Bitter Sweet Symphony* und *The Drugs Don't Work* als »Weltklasse-Singles« zu erkennen. Vielleicht ist an dieser Fehleinschätzung auch das zwar geschmackvoll zurückgenommen gemachte Sleeve Design des britischen Fotografen und Grafikdesigners Brian Cannon, der in jenen Tagen mit vielen Alternative-Acts der Insel zusammenarbeitete, mitverantwortlich: Das treffende Foto der Band ist schwarz umrahmt und mit dem Signet von THE VERVE und dem Albentitel versehen – that's it. Ungeachtet dessen: *Urban Hymns* zählt zu den bedeutendsten Alben der 1990er-Jahre, 1997 stand der Britpop zusammen mit BLURS selbstbezeichnetem Album und OASIS' *Be Here Now* im Zenit. Doch es ist ob seiner Zeitlosigkeit mehr – es beschließt die Ära des Britpops mit aller Würde und der nötigen Größe – mal eng an der Grenze zu Kitsch entlang balancierend, mal zurückgenommen melancholisch, mal straight und dabei immer hochmelodiös. Ja, *Urban Hymns* ist ein echter Evergreen.

Oblivians – Soul Food (1995)

Unpolierter, bluesbeeinflusster, unfiltrierter Punkrock, reduziert auf ein nötiges Minimum, Lo-Fi aufgenommen mit maximalem Spaß, den es da aus den Boxen haut – das sind (bzw. waren) die OBLIVIANS. Und all diese Attribute des Garagentrios aus Memphis, Tennessee, finden sich kondensiert auf einem Longplayer wieder – dem 1995 veröffentlichten *Soul Food.* Wobei es sich bei dieser Veröffentlichung nicht um einen reinen Longplayer handelt, sondern um eine Compilation der ersten drei Singles der Band und weiterer acht Tracks, die dann ins Albumformat gebracht wurden. Die Nadel setzt auf der Platte auf und unvermittelt puncht er rein, der schroffe, unverhohlene Sound der OBLIVIANS, jener 1993 gegründeten Garagen-Punkrock-Band; schon der erste Takt kennt nur eine Geschwindigkeit: Vollgas. Kurz und schmetternd ballern die teils geschrienen Tunes ins Ohr, teils grob intoniert, immer hart und ausnahmslos roh. Letztlich lässt diese Lärmkanonade nur eine Frage offen: Wie kann Musik, die sich aus nur vier Akkorden speist, derart mitreißend sein?

Wer nun (nicht nur auf dieser Platte, auch auf anderen Aufnahmen und ebenso live) wie gekonnt welches Instrument gespielt hat, lässt sich im Nachhinein kaum mehr sagen, denn zum Markenzeichen der Band gehörte, dass jeder mal jedes Instrument spielt und man sich während eines Gigs auch öfter mal abwechselt. Übertrieben variantenreich mussten die Skills der Musiker aber auch nicht sein, denn neben dem Gesang spielen zwei Gitarren und ein Schlagzeug, Greg Oblivian (Greg Cartwright), Jack Oblivian (Jack Yarber) und Eric Oblivian (Eric Friedl) mussten also jeweils etwas klampfen und trommeln und dazu noch singen können. That's it.

Der Groove macht hier die Musik. Dass sich die drei Musiker, die weder miteinander verwandt noch verschwägert sind, den gleichen Nachnamen gaben, ist eine Anspielung auf die von der Band tief verehrten RAMONES, die desgleichen taten.

1995 war für die OBLIVIANS ein außerordentlich produktives Jahr – neben ihrem nominell ersten Longplayer *Soul Food* wurde auch die »ten-inches« *Six Of The Best* und das Live-Album *Live in Atlanta* herausgebracht.

Neben eben beschriebenen Grooves ist die Platte aber nicht einfach nur ein großer Anarcho-Spaß, sondern hat durchaus auch Überraschungen zu bieten. Die Erste ist gleich der Opener, ein Cover des *Vietnam Blues* des Texas-Blues-Veteranen Sam Lightnin' Hopkins. *No Reason To Live* kann als Punk-Hymnus mit passender No-future-Attitüde durchgehen, der Tune *I'm Not A Sicko, There's A Plate in My Head* antizipiert quasi das Songwriting der WHITE STRIPES und könnte problemlos aus der Feder Jack Whites stammen. Eher rockig und mit einem einzigen, eingängigen Riff kommt *Blew My Cool* um die Ecke und kaum beendet, drücken die OBLIVIANS noch mal mit *Cannonball* ordentlich aufs Gaspedal. Jeder Schuss ein Treffer, jeder Schlag haut gut aufs Maul, so muss das.

Aufgenommen wurde das Ding übrigens in den 2005 niedergebrannten Easley McCain Recording Studios in Memphis (wo unter anderem Größen wie SONIC YOUTH oder die WHITE STRIPES Alben einspielten), und zwar – und das dürfte einen guten Teil der Atmosphäre ausmachen – zusammen und in jeweils einem Take wie unter Live-Bedingungen. Zu so einer Lo-Fi-Platte gehört auch ein Lo-End-Cover, da macht *Soul Food* unter den vielen »Americana«-Platten gestalterisch keine Ausnahme. Auf rotem Grund in Blau gesetzte Schrift, die ausschaut, als wären die Typen aus der Zeitung ausgeschnitten, darunter die Silhouette einer Kirche und eine Frau mit Heiligenschein, simpler Zweifarbdruck – fertig.

Ein technisch wie optisch sehr gut gemachtes Reissue ist übrigens beim Hamburger Label und Mailorder Crypto Records erhältlich, als Platte und CD.

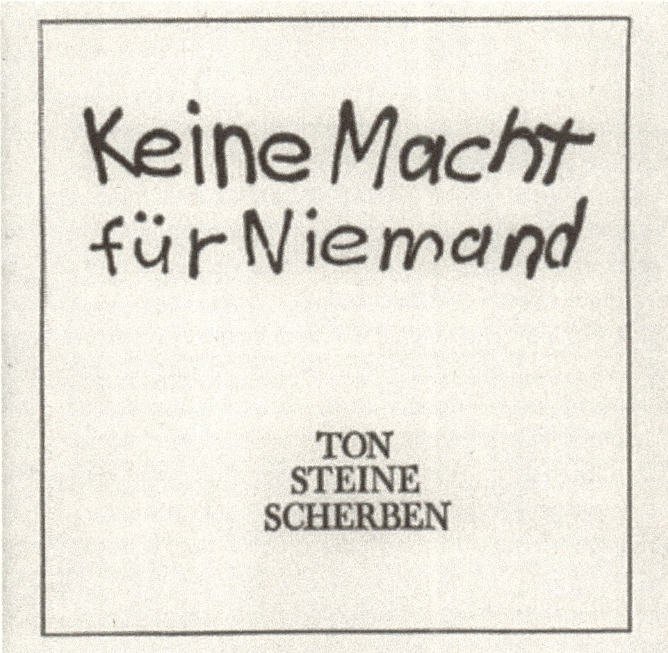

Ton Steine Scherben – Keine Macht für Niemand (1972)

Ton Steine Scherben zählen bis heute zu den Lieblingsbands der deutschsprachigen Linken – und *Keine Macht für Niemand* ist ihr Hit-Album. Ein Erfolgsding, ein Knaller – ein textlich, musikalisch und politisch prägendes Album. Und daher kommt eine Betrachtung wie diese auch nicht ohne einen Blick auf diese ganz besondere Scheibe aus.

Ton Steine Scherben nur auf Ihre Wirkung als Politrocker reduzieren zu wollen, ist meines Erachtens nach nicht richtig. Man darf, wenn man sich heute der Band und auch dem Album nähert, nicht aus dem Auge verlieren, dass es zur damaligen Zeit mindestens unüblich war, Rockmusik mit deutschen Texten vorzutragen. Pioniere, die es gewagt, die es einfach gemacht haben, waren neben der Nürnberger Band IHRE KINDER auch TON STEINE SCHERBEN – lange bevor Udo Lindenberg deutschen Rock salonfähig und kommerziell erfolgreich machte.

Dabei ist *Keine Macht für Niemand* weit mehr als ein Agit-Prop-Stück, es ist eine Kampfansage an die Unfreiheit der kapitalistischen Produktions- und Verwertungsprozesse, es kündet von der Kraft der Solidarität wie von Verwundbarkeit und Zerbrechlichkeit gleichermaßen – es fordert mit der nötigen Vehemenz das Recht auf Traum und Utopie, aber auch auf Freiheit und so ist es auch ein Mutmacher, Zu- und Fürsprecher für Generationen politisch aktiver Menschen.

Und dennoch: Das Album transportiert nicht einen wie auch immer gearteten Spirit von '68, das tun Hendrix, in gewisser Weise auch die ROLLING STONES, MC5 oder auch AMON DÜÜL – die »Scherben« gründeten sich erst 1970 und das Album kam 1972 auf den Markt. Da war von der Studentenrevolte, die hierzulande ja besonders im Jahr 1967 Raum griff, nicht mehr allzu viel übrig. Und so korrespondiert *Keine Macht für Niemand* freilich mit dem Zeitgeist jener Tage, erarbeitet sich aber eben auch ein Stück Zeitlosigkeit. Und gleichwohl fungiert es als Soundtrack vieler politischer Aktionen der 70er- und 80er-Jahre, *Der Rauch-Haus-Song* war alsbald die Hymne der Hausbesetzerszene in Deutschland und Österreich, die Liedzeile »Ihr kriegt uns hier nicht raus! / Das ist unser Haus! / Schmeißt doch endlich Schmidt und Press und Mosch aus Kreuzberg raus!« ist bis in unsere Tage fester Teil des kollektiven Gedächtnisses politisch aktiver Menschen – und heute erklärungsbedürftig: Die Schmidt & Press GmbH & Co. KG war einstmals eine große Immobilienmaklerfirma, die zusammen mit Heinz Mosch (seinerzeit der größte private Wohnungsbauunternehmer in der Bundesrepublik) viele Altbauten in Westberlin aufkaufte und diese abriss, um große Wohnanlagen, »Betonsilos« an deren

Stelle zu bauen. Den Teil des alten und leer stehenden Bethanien-Krankenhauses am Kreuzberger Mariannenplatz, der besetzt wurde – der *Rauch-Haus-Song* entstand unmittelbar in dieser Situation – benannten die Anarchisten nach dem Stadtguerillero Georg von Rauch, der im Dezember 1971 beim Versuch der Festnahme durch Polizei und Verfassungsschutz durch einen Schuss (unter bis heute nicht gänzlich geklärten Umständen) getötet wurde.

Ein Musikstück mit einem tagespolitischen Text? Nein, das Lied ist mehr, denn es transportiert die Aufgeladenheit der Situation und die gesellschaftlichen Spannungen jener Tage in die Jetztzeit und wirft bis heute die Frage auf: Auf welcher Seite der Barrikaden stehe ich eigentlich?

Textlich zeitloser, allgemeiner gefasst sind die Titel *Wir müssen hier raus!*, *Feierabend*, *Keine Macht für Niemand* oder *Menschenjäger*. Sie sind politisches Liedgut geworden, werden bis heute gesungen und wurden vielfach gecovert.

Dabei ist die Scheibe nicht nur auf Krawall gebürstet. Immer wieder bekommen auch die leisen Töne Raum. Gerade Reisers Zärtlichkeit und tiefes musikalisches Einfühlungsvermögen bei *Komm, schlaf bei mir* ist unübertroffen.

Ein rebellisches Album, das sowohl in der Sprache als auch der Musik glasklar, direkt und unmissverständlich ausdrückt, was Sache ist. Texte, die einen unmittelbar treffen, die keinen großen interpretatorischen Spielraum lassen, sondern die Botschaft in aller Deutlichkeit einprägsam und mitsingbar an den Hörer bringen. Eingängige Rockmusik, deutlich inspiriert durch den geraden Rock der Sechziger, durch die KINKS, die ROLLING STONES und THE WHO, aber immer mit dem ersten Takt eines Liedes originär als TON STEINE SCHERBEN erkennbar. Was für eine Perle!

»Aus dem Weg, Kapitalisten! Die letzte Schlacht gewinnen wir!«

Kommerziell war das Album recht erfolgreich, warf aber wenig Gewinn ab – was besonders an der Art des Vertriebs lag. Die Plattenfirma David Volksmund Produktion war eine Eigengründung der Band, die als Kollektiv geführt wurde (und damit das erste Indie-Label der Bundesrepublik). Der Zugang zu den großen Studios und zu einem im Schallplattenhandel flächendeckend präsenten Vertrieb blieb der Band dadurch verwehrt, dass sie sich weigerte, mit einem Major zusammenzuarbeiten. Das hört man der Platte an und das sieht man auch: Schwarzer Rahmen, schwarze Schrift, einfacher, weißer Karton. Mehr hat die Aufmachung der LP nicht zu bieten, für Mehrfarbdruck hat die Kohle nicht gereicht. Musste sie auch nicht. Die Gewinne, die mit dem Plattenverkauf erwirtschaftet wurden, flossen in den ersten Jahren nahezu eins zu eins in das Equipment der Band und deckten defizitäre Gigs. Man blieb unabhängig, aber als sich Ton Steine Scherben auflösten, blieb Reiser auf einem Schuldenberg von zweihunderttausend Mark sitzen. Die tilgte er aber binnen kürzester Zeit – denn seine Solokarriere verlief mit den Hits *König von Deutschland* und *Junimond* mehr als erfolgreich.

Sam Gopal – Escalator (1969)

Gerne wird *Escalator* als Beispiel für den in seinem Zenit stehenden britischen Psychedelic Rock genannt. Der Platte der Band von Sam Gopal war bei Erscheinen kein großer kommerzieller Erfolg beschieden, erst Jahre später entwickelte sich um sie ein regelrechter Hype – und es ist es wert, diesem Hype ein wenig nachzugehen.

Der 1944 in Malaysia geborene Gopal spielte seit früher Kindheit Tabla. Diese tonnenförmigen Felltrommeln waren zusammen mit dem Klang der Sitar (der von vielen Bands auch auf der E-Gitarre imitiert wurde) zeitweiliger fester Bestandteil des Sounds der BEATLES, KINKS oder YARDBIRDS. Und so passte die Kunst von Gopal, der 1962 zum Musikstudium nach London kam, sehr gut in die Zeit des beginnenden Psychedelic Rock.

In diesem Genre betätigte sich Samuel »Sam« Gopal vielfältig und gründete neben der Band SAM GOPALS DREAM auch SAM GOPAL, deren Besetzung ab 1969 wechselte. Gopal holte für seine zweite Formation als Gitarristen Roger D'Elia, der später viel mit John Edward Alder alias Twink zusammenarbeitete und neben ihm den Bassisten Phil Duke (der es nicht zu weiterer Bekanntheit brachte). Gesang und Leadgitarre steuerte aber ein anderer bei, ein bis dato eher unbekannter Musiker, der auch noch unter dem Pseudonym Ian Willis auftrat – nämlich niemand Geringeres als Ian Fraser Kilmister, der später als Gründer und Frontmann von MOTÖRHEAD unter seinem Spitznamen »Lemmy« eine Weltkarriere machen sollte.

Schon der Opener *Cold Embrace* weist die Richtung, in die es gehen wird: Klarer, schnörkelloser Gesang mit ambitioniertem Gitarrenspiel und einer prägnanten Basslinie –

diese Zutaten holen den Hörer direkt ab und ziehen ihn hinein in das teils etwas düster temperierte Universum von Sam Gopal. *The Sky is Burning* sei hier stellvertretend für genau diese so herrlich in den Psychedelic passende Stimmung erwähnt – fast gehaucht und in gemäßigtem Tempo intoniert.

Immer wieder sind auf dem Album der Bass und das perkussive Spiel Gopals eng miteinander verzahnt und bilden somit ein solides Fundament für das vielseitige Gitarrenspiel und Lemmys unausgebildete und zuweilen schroffe, aber sich dennoch stets aufs Beste einfügende Stimme. Doch nicht nur der Gesang ist prägnant, sein Talent für eingängiges Songwriting darf Kilmister hier ebenfalls beweisen. Und: Wohin zukünftig seine Reise gehen wird, antizipiert der Song *Escalator*. Man stelle sich vor dem »inneren Ohr« einmal anstelle der Tablas ein voll ausgestattetes Schlagzeug mit allen Schikanen vor – der Tune hätte anders instrumentiert alle Qualitäten zur gewaltigen Hardrock-Nummer. Richtig witzig und fröhlich kommt die Gopalsche Interpretation von *Season Of The Witch* daher: Getragen von einer äußerst markanten Bassgitarre und den wie beiläufig sanft getrommelten Tablas klingt der Tune so unfassbar leichtfüßig, um dann im Refrain mit vollem Drumset richtig an Power zu gewinnen – die weiblichen backing vocals sind der Hit! Beschlossen wird das Album von *Yesterday Love*, hier kann besonders Sam Gopal wieder mit den Tablas brillieren, die das Lied tragen und ihm seinen ganz eigenen Ausdruck verleihen, die Ballade lässt uns aber auch eine Sensibilität in Lemmys Gesang entdecken, die sonst nur wenig Raum findet.

Das in relativ kleiner Auflage beim nur kurz existierenden Label Stable Records gepresste Album ist heute ein echtes Sammlerding, ein halbwegs gut erhaltenes Original dürfte mit 500 bis 600 Dollar gehandelt werden. Ich besitze das (sowohl vom Cover, das nicht viel mehr als ein

Bandfoto zeigt, als auch der Pressung her relativ einfach gehaltene) italienische Reissue von 1999, Wert in deutlich bespieltem Zustand und mit gestauchtem Cover: 40 Euro. Zum Record Store Day 2017 wurde eine Nachpressung nebst Faksimile der einzigen Single der Band herausgebracht – in limitierter Stückzahl. Auch dieses Release dürfte in drei bis vier Jahren deutlich über dem ursprünglichen Kaufpreis gehandelt werden.

Irgendwie seltsam, oder? Freilich, hier wird mit künstlicher Verknappung gearbeitet. Das hat dem Record Store Day – aus meiner Sicht übrigens mit Fug und Recht – in den letzten Jahren deutliche Kritik eingetragen, denn man appelliert hier ganz platt an den Jagdtrieb der Sammler und entspricht damit absichtsvoll nicht dem Bedürfnis der Musikliebhaber, sich ungezwungen mit interessanten Wiederveröffentlichungen zu angemessenen Preisen zu versorgen.

Aber warum gibt es um ganz bestimmte Platten einen so wahnsinnigen Hype wie um *Escalator*? Nun, ich habe da meine ganz eigene Theorie: Es müssen schon unterschiedliche Kriterien erfüllt sein, damit eine Platte nach dreißig, vierzig, fünfzig Jahren durch die Decke geht. Zuerst einmal ist eine kleine Erstauflage zu nennen, Nachpressungen darf es zur Zeit des Erscheinens auch nicht gegeben haben. Das Teil muss also unter kommerziellen Aspekten zu seiner Zeit ein Schuss in den Ofen gewesen sein. Dennoch darf die Qualität nicht unterirdisch sein, Stangenware verläppert sich (zum Glück) in der Bedeutungslosigkeit. Sie darf aber auch nicht zu hoch sein, muss noch musikalisches Potenzial erkennen lassen. Und dann das Wichtigste: Ein Musiker muss auf der Aufnahme mitspielen, der damals am Beginn seiner Karriere stand und später mindestens zu einem Genrepräger avancierte, wenn nicht gar zum Star oder sogar Weltstar. Die Platte darf nicht erkennen lassen, dass die Musik verkannt wurde, nur der spätere Ruhm eines Bandmitglieds funkelt – retrospektiv – in der Aufnahme durch. Dann lässt sich um eine Platte ein Kult, ein Hype schmieden, der den Wert der Scheibe in schwindelerregende Höhen treibt.

Escalator ist ein qualitätvoller Longplayer, den man immer wieder auflegen kann. Das Gopalsche Tabla-Spiel hätte freilich etwas zurückhaltend dosierter auf die geneigte Psychedelic-Gemeinde herniederprasseln dürfen. Nichtsdestotrotz ist es schön, dass diese Scheibe heute wohl wesentlich mehr Hörer findet als zum Zeitpunkt ihrer Veröffentlichung.

Cream – Disraeli Gears (1967)

Irgendwie komisch: Gefühlt steht *Disraeli Gears* im Schatten des Debütalbums *Fresh Cream* von CREAM, obwohl *Disraeli Gears* nicht nur den Sound der Band hervorragend repräsentiert und dokumentiert und eine echte Psychedelic-Traumplatte ist, sondern auch die Topsingle *Sunshine of Your Love* enthält. Ja, man muss wirklich immer mal wieder dieses Schätzchen aus dem Plattenschrank ziehen und auflegen.

Das musikalische London jener Tage war von vielerlei stilistischen Aufbrüchen geprägt. Mit ein paar Dollars in der Tasche tauchte im Jahre 1966 ein gewisser Jimi Hendrix urplötzlich auf der Bildfläche auf und wirbelte mit den Auftritten seiner Band THE JIMI HENDRIX EXPERIENCE die Szene durcheinander. Eric Clapton ist da schon ganz prächtig im Geschäft. Nach Stationen bei den YARDBIRDS und JOHN MAYALLS BLUESBREAKERS gründet er zusammen mit dem Schlagzeuger Ginger Baker und dem Bassisten Jack Bruce 1966 die Band CREAM. Zügig beginnen die Aufnahmen für ein erstes Album, das noch im gleichen Jahr erscheint. *Fresh Cream* wird aus dem Stand ein Erfolg und steigt sofort in die Top Ten der britischen Albumcharts ein. Bei einem Gig von CREAM lädt Clapton den bis dato völlig unbekannten, zwei Jahre älteren Hendrix spontan zum Jammen auf die Bühne und der spielt den Routinier zum Dank dafür an die Wand – der Beginn einer engen Freundschaft zwischen dem eher zurückhaltenden Briten und dem extrovertierten Amerikaner, die mit dem frühen Tod Hendrix' endet. Nicht nur Clapton, die ganze Band ist von Hendrix tief inspiriert – diese Inspiration blitzt gerade beim zweiten Album CREAMS immer wieder durch.

Der Titel dieses zweiten Albums, das man im April und Mai 1967 bei Atlantic Records in New York aufnimmt, ist eine phonetische Anlehnung an eine damals gängige Fahrradgangschaltung und den Nachnamen des britischen Romanciers und Außenministers Benjamin Disraeli (1804–1881).

Der Opener *Strange Brew*, der heute kaum mehr im Radio gespielt wird, bringt uns nicht nur einen jener seltenen Cream-Momente zu Gehör, wo nicht Jack Bruce, sondern Eric Clapton höchstselbst singt, der federleichte und dennoch scharfe Gitarrensound leitet die Platte unnachahmlich ein und bereitet den Hörer auf das zur Legende gewordene *Sunshine Of Your Love* vor.

Im Januar 1968 wurde dieses Lied als Single veröffentlicht und damit zum elementaren Bestandteil des Summer Of Love. Der den Song prägende Basslauf war, so gab Jack Bruce später einmal zu Protokoll, bei einem Konzert der Jimi Hendrix Experience Band entliehen – und irgendwie passt der Sound des Songs ja auch ganz gut zu Hendrix' Spiel. Kein Wunder also, dass eines der ersten Coverversionen von *Sunshine Of Your Love* von Hendrix selbst stammt.

Fast schon ein wenig psychobeliebig kommt *World Of Pain* daher und erfüllt alle Genreklischees, um sogleich von *Dance The Night Away*, einem echten Kracher, abgelöst zu werden.

Tales Of Brave Ulysses – der Song, in dem Clapton wiederum zu einem sehr frühen Zeitpunkt ein Wah-Wah verwendet, wie kurz zuvor sein damals nur Eingeweihten bekannter Freund Jimi Hendrix – bezeugt, was in Cream steckt: Riesige spielerische Freude, stimmiges Songwriting und ein ganz eigener, mitreißender Drive! Zum Einstieg in die B-Seite brennen Cream ein Feuerwerk ab – und ähnlich druckvoll lässt *Swlabr* die Membrane der Lautsprecher erzittern, bevor *We're Going Wrong* ruhiger, aber nicht minder energetisch ertönt.

Und mit *Take It Back* ertönt eine Bluesrocknummer aus dem Bilderbuch, die durch die prägnante Harp richtig abgerundet wird.

Disraeli Gears ist ein Album, wie es britischer nicht klingen könnte. Und dennoch erreichte es im Heimatland

CREAMS »nur« Goldstatus, während sich in den USA über eine Million Einheiten verkauften und die Platte so mit Platin veredelt wurde. Zu diesem Erfolg trug mit Sicherheit auch das psychedelisch-hippieske Artwork des australischen Multitalents Martin Ritchie Sharp bei, der nicht nur dieses und das Cover von *Wheels Of Fire* gestaltete, sondern auch Cover für Hendrix- und Dylan-Platten schuf.

Disraeli Gears als Brückenbauer zwischen England und Amerika, zwischen den Kontinenten? Ich versuche, mich in die Hippies jener Tage hineinzuversetzen. Auf der einen Seite ist die Platte mit ihren deutlichen Blueseinflüssen, den psychedelischen Lines und ihren leisen Seiten, dem falsettartigen Gesang und dem knallig-farbigen, mit reichlich Flügel- und Blumenornamenten versehenen Cover hippie-vollkompatibel und auf der anderen Seite tönt die Scheibe doch unerwartet hart, fast schon hard-rockig. Ungeachtet einer nachträglichen Zuordnung zu einer vermeintlichen Zielgruppe lassen die ersten Takte bereits die Qualität der Musik erkennen: Mit den Beinen fest verwurzelt im Bluesrock, viel psychedelisches Bauchgefühl und die Augen bereits in eine härtere, rockige Zukunft gerichtet, stellte sich der Erfolg zu Recht schnell ein.

Noch vor dem Veröffentlichungstermin beginnen CREAM mit dem Einspielen ihrer nächsten Platte, *Wheels Of Fire*.

2007, zum vierzigsten Jubiläum des Albums, wurde die LP von Lilith Records als »Mono« wiederveröffentlicht. Die Press- und Klangqualität dieses Reissues sucht ihresgleichen.

Nick Cave and the Bad Seeds – From Her To Eternity (1984)

Das Debüt von Nick Cave ist dunkel, lärmt und umfängt einen schon beim ersten Hören wie ein düsterer Mantel. *From Her To Eternity* - ein Album, dem man sich manchmal entziehen möchte und dessen Magie man mitunter sehnsüchtig sucht.

In Schlaglichtern, wie es zum Album gekommen ist: Die erste Band des Australiers Cave, die als THE BIRTHDAY PARTY bekannt werden sollte, zog in den frühen Achtzigern von London nach Westberlin, dort trennte man sich. Zusammen mit dem Multiinstrumentalisten Mick Harvey stellte Cave eine neue Band zusammen, von Anbeginn an bis in die frühen 2000er wirkt an der Gitarre fest an seiner Seite Blixa Bargeld, der vier Jahre zuvor die EINSTÜRZENDEN NEUBAUTEN gründete. Als zweiten Gitarristen gewann Cave seinen Landsmann Hugo Race, Bassist war Barry Adamson, der von der britischen Post-Punk-Band MAGAZINE kam. Kurzzeitig war auch Anita Lane Mitglied der Band. Im September und Oktober 1983 und im März 1984 zog man sich in London in die Garden Studios und die Trident Studios zurück, der als »Flood« bekannte Mark Ellis, der auch Gary Numan, DEPECHE MODE, U2, NIN oder NEW ORDER produzierte, zeichnete für die Tontechnik verantwortlich. Das Cover ist ein aus erhöhter Perspektive aufgenommenes, grobkörniges Farbporträt, auf dem Cave etwas fragend, etwas ungläubig guckt. Schrift drüber, fertig. So unscheinbar einfach sich die Scheibe auch optisch präsentiert, sie hat es in sich!

Die Platte wird mit dem Leonhard Cohen-Cover *Avalanche* eröffnet, der Bass prägt das von Cave exaltiert gesungene Stück, das dunkel tönt und trotzdem so herrlich melodiös ist.

Am Songwriting von *From Her To Eternity* war auch Caves zeitweilige Muse und Exmitglied von The Birthday Party, Anita »Dirty« Lane, beteiligt. Das perkussive Stakkato des Pianos, das bald die ganze Band aufnimmt und die den Titel zersichelnden Gitarreninterjektionen Bargelds zusammen mit der fast hüpfenden Bassline bringen eine Fulminanz zu Gehör, die man sonst weder im Postpunk noch im Gothic in so gefangen nehmender Eindringlichkeit wiederfindet. *From Her To Eternity*, dieser Meilenstein, wird nicht zuletzt durch die Performance in Wim Wenders Film *Der Himmel über Berlin* geadelt.

Saint Hook – düster, mit einem Marschrhythmus unterlegt und in der typisch Caveschen Extravaganz vorgetragen, verbreitet endzeitliche Stimmung. *A Box For Black Paul* ist ein regelkonformer Gothictrack, der alle Erwartungen an Genre und Band erfüllt.

Auf der CD-Veröffentlichung aus dem Jahr 1988 gibt es einen sehr interessanten Bonus: Das von Mac Davis komponierte und Elvis Presley international bekannt gemachte *In The Ghetto* macht Cave zum Gothic-Elvis, eine Pose, die ihm sicherlich gefallen haben mag. Ja, die Bad Seeds können Pop. Dass Nick Cave Pop kann, hat er ja 1996 mit seinem Duett mit Kylie Minogue bewiesen – *Where The Wild Roses Grow* ist wohl sein kommerziell erfolgreichster Song.

Von diesen Popqualitäten ist auf *From Her To Eternity* noch nichts zu spüren, aber das Album trägt zwischen den Zeilen und vor allem musikalisch alle wesentlichen Themen der 1980er-Jahre huckepack. Ein gutes, ein prägendes, ein nicht ad hoc eingängiges, ein lautes, ein treffendes Album, das sich von anderen Cave-Alben auch durch einen Hauch Chaos abhebt.

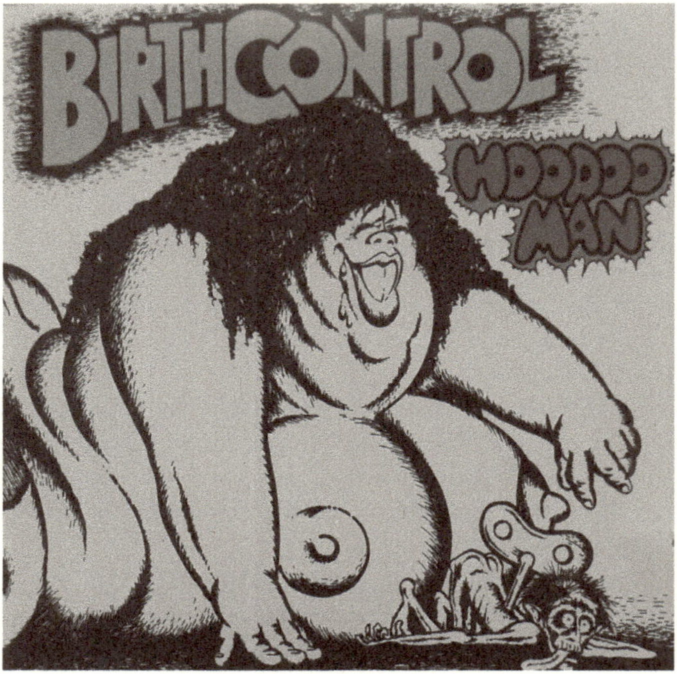

Birth Control – Hoodoo Man (1972)

Vielen gelten sie ja als Vorzeige-Krautrock-Band, obwohl sich zur Blütezeit ihr Sound eher in Richtung Heavy-Rock entwickelt hat: BIRTH CONTROL, jene Band, die sich 1968 durch die Fusion der beiden Berliner Combos EARLS und GENTS bildete, gilt auch heute noch als feste Größe im deutschen Rockzirkus.

Zu den Gründungsmitgliedern gehören Bernd Koschmidder, Reinhold Sobotta, Rolf Gurra, Fritz Gröger, Klaus Orso, Reiner Borchert und auch ein gewisser Hugo Egon Balder (ja, genau, der *Tutti Frutti*-Balder vom Privatfernsehen). Der aber schied schon bald wieder aus, denn, so wird berichtet, seine Eltern waren, nachdem er mit dem bandeigenen VW-Bulli in einen Verkehrsunfall verwickelt war, von dessen musikalischem Engagement bei BIRTH CONTROL, die 1969 zu einem dreimonatigen Gastspiel in einem Beiruter Nachtclub in den Libanon aufbrachen, not very amused. Nachdem Balder und Frenzel die Band noch vor der Abreise in Deutschland verlassen hatten, kam Bernd »Nossi« Noske an derer statt. Reiner Borchert stieg dann etwas später aus und blieb im Libanon, auch Fritz Gröger und Rolf Gurra schieden nach der Rückkehr nach Deutschland aus und wurden von Bruno Frenzel ersetzt. Die verbleibende Besetzung steuerte nun auf den Bekanntheits- und Schaffenshöhepunkt von BIRTH CONTROL zu. 1972 ging man ins Studio und produzierte das dritte Album der Band: *Hoodoo Man*. Und was ist darauf zu hören? Hard Rock? Proto-Metal mit einem Schuss Progressive? Kurioser Krautrock? Egal – es hat Power, messerscharfe Sounds, ist variantenreich und gilt nicht zu Unrecht als große, wenn auch untypische Perle des Krauts.

Mit einer im besten Wortsinne mächtigen Explosion beginnt der erste Titel: *Buy* – das Intro hätte so freilich auch von Deep Purple stammen können, aber es ist waschecht »Made in Germany«! Dass so ein Sound aus Deutschland kommt und eben nicht einen krautrock-prototypischen Klang reproduziert, ist genauso bemerkenswert wie der Umstand, dass der (natürlich englische) Gesang nicht auffällig deutschgefärbt ist. Handwerklich solide gemacht und getragen von einem sauberen Gitarren- und bemerkenswerten Orgelsolo folgt dann der Track *Suicide*.

Apropos Orgel – ständiger Begleiter auf diesem Album: die Orgel! Herrlich! Es war ein Privileg der Rockmusik der späten Sechziger und frühen Siebziger, dass man ungeniert und in aller epischen Breite der Hammondorgel, dem Rhodes Piano und anderen Derivaten dieses wunderbaren Instruments den Raum einräumte, den es verdient. Wolfgang Neusers Griff in die Tasten braucht sich vor Jon Lords viel gerühmtem Spiel jener Tage nicht zu verstecken.

Davon kündet auch der nächste Titel, der ein wenig trippy beginnt, sich dann aber zu einer grundsoliden Hardrocknummer entwickelt: *Get Down To Your Fate* ist einer meiner Anspieltipps für diese Platte.

Und nun kommt er – BIRTH CONTROLS größter Hit: *Gamma Ray*. Die Zutaten: Ein dystopisches Antikriegslied, getragen von einem unwiderstehlichen Beat, einer federnden Orgel, packenden Soli (das Schlagzeugsolo Noskes ist herausragend!) und einem zumindest für geübte Fans mitsing-, mitsprech-, ja herausschreibaren Refrain: »If I were a gamma ray, a gamma gamma gamma ray / made of pure existence / if I were a gamma ray, a gamma gamma gamma ray / mighty and unfailing / I'd radiate love, to fight misery.«

Der zweite Anspieltipp ist *Hoodoo Man*.

Hoodoo, etymologisch mit dem Voodoo verwandt, ist ein magischer Glaube, der wohl aus den Religionen der afrikanischen Urvölker entstammt und sich als eine Art Aberglauben bis heute bei den Mitgliedern der afroamerikanischen Communities Nordamerikas gehalten hat. Aus dem Hoodoo ging auch der Brauch, ein Mojo als Glücksbringer bei sich zu tragen, hervor. So ist der *Hoodoo Man* ein im Blues vielbesungenes Motiv, nicht nur von Junior Wells, sondern zum Beispiel auch von Rory Gallagher. »Hoodoo« wird korrespondierend aber auch einfach mit »Pech« oder »Missgeschick« übersetzt – so ein Pechvogel wird im Lied besungen. Und das Cover (Illustrator ist Heinz Dofflein, der auch für SKY und andere Größen arbeitete) zeigt diesen »Hoodoo Man«, ausgezehrt mit einem Aufziehschlüssel im Rücken, dominiert von einer wollüstigen, vollschlanken Frau, sechs seiner fünfzehn Kinder sind auf der Rückseite der Plattenhülle zu bestaunen.

Ein eingängiges Thema wird mit prägnanten Gitarren und einer deutlich präsenten Hammondorgel eingeführt, der Song gewinnt an Fahrt, um dann jäh unterbrochen zu werden: Die Kirchenorgel (die Credits verweisen auf einen Pastor Plate, zu dem ich keine weiteren Informationen finden konnte), die recht unvermittelt das Thema zum Behufe, es nun fugenartig weiterzuspinnen, aufnimmt, es nun in den flächigen Akkorden der großen Choräle enden zu lassen, um dann diesen sakralen Moment wieder in die Hände der Rockmusik zurückzugeben, verleiht diesem Track quasi Überlebensgröße. So vielschichtig, so virtuos, so wunderbar kann Rock klingen.

Die Platte endet mit einem kleinen musikalischen Spaß: *Kaulstoß*. Witzig zu hören, nett gemacht und ohne besondere Gravitas wird der Zuhörer zur Tür geleitet und verabschiedet.

Einem häufig gehörtern Vorwurf, es würde dem Album an Eigenständigkeit fehlen, ja, es wäre aus den Stilen von DEEP PURPLE, LED ZEPPELIN und anderen Größen der damaligen Zeit zusammenkopiert, lässt sich entgegnen, dass allein schon die Kompositionen höchst eigenständig sind und, wie *Gamma Ray* beweist, auch über jene Qualitäten verfügt, die ein Song benötigt, um sich in den Hitparaden – nicht nur in Deutschland – zu platzieren. BIRTH CONTROL sollten als äußerst fleißige Tourneeband in Erinnerung bleiben und die Songs auf *Hoodoo Man* bildeten das Kernrepertoire zahlloser Auftritte. Gesagt sei aber auch: Wer DEEP PURPLE mag, wird an der Scheibe seinen Spaß haben. *Hoodoo Man* ist das erfolgreichstes Album BIRTH CONTROLS – und ein moderner Klassiker!

Agitation Free – 2nd (1973)

Wir sind im Berlin des Jahres 1967: Aus zwei Combos (den Tigers und den Sentries) finden Musiker zusammen, um eine neue Band zu gründen: Agitation. Der Name der Band liegt förmlich in der Luft: Das Phänomen, das hierzulande unter dem Einfluss des amerikanischen Kulturimperialismus gerne als »die 68er« beschrieben wird, müsste ja – gemünzt auf Westdeutschland – korrekterweise »die 67er« heißen. Und gerade im Jahr 1967 könnte man meinen, dass eine Band, die sich »Agitation« nennt, zum Zwecke ebendieser politischen Agitation zusammentritt. Mitnichten! Wie aus »Agitation« letztlich Agitation Free wurde, lässt sich nicht mehr hundertprozentig nachvollziehen. Eine schöne Anekdote besagt, dass Agitation ein kostenloses Konzert gegeben haben und jemand, um auf diesen Umstand hinzuweisen, am Eingang der Spielstätte ein großes Pappschild anbrachte: »Agitation – free«.

Der Name wird hin und wieder aber auch als »frei von jeder (musikalischen) Agitation« gedeutet.

Die Urbesetzung der Band klingt heute geradezu fulminant: Der Sänger und Gitarrist Lüül (Lutz Graf-Ulbrich), der später für Ash Ra Tempel erst als Live-Unterstützung und später auch als festes Mitglied musizieren sollte, spielte die zweite Gitarre, die erste Lutz Ludwig Kramer, der sich parallel auch politisch orientierte und Kommunarde in der berühmten Kommune I war. Nicht von ungefähr rührt, dass Agitation Free zu einer der Lieblingsbands von Kommunarden und Freunden und Weggefährten des Zentralrats der umherschweifenden Haschrebellen wurde. Am Schlagzeug und am Synthesizer wirkte Christopher Franke. Franke studierte klassische Musik und Komposition am Berliner Konservatorium und trommelte nicht nur für Agitation Free, sondern auch TANGERINE DREAM. Viel später sollte er zusammen mit Konstantin Wecker die Songs zum *Ludwig*-Musical, das in Füssen aufgeführt wird, komponieren. Ebenso als Sänger mit von der Partie ist Michael »Mickie D« Duwe, der auch für ASH RA TEMPEL sang.

In den ersten Jahren absolviert die Band zahlreiche Live-Auftritte, man improvisiert viel und setzt nebenbei, ganz in der Tradition der CHARLATANS und der Aufführungspraxis vieler anderer Psychedelic-Rock-Gruppen in und um San Francisco, auf eine ambitionierte Lichtshow mit Flüssigkeitsprojektion und selbst gedrehten Schmalfilmen. Es erfolgen erste Wechsel in der Besetzung, inzwischen ist Michael Hoenig (später ebenfalls bei TANGERINE DREAM) zur Band gestoßen.

Das erste Album *Malesh* erscheint erst 1972, nach einer durch das Goethe-Institut ermöglichten Tournee durch Griechenland, Zypern, Ägypten und den Libanon – die Inspiration durch diese Tournee ist dem weltmusikalisch gefärbten Album deutlich anzuhören.

Ein Jahr später nimmt man das zweite Album, das schlicht als *2nd* betitelt ist, auf. Der Sound ist dem von *Malesh* durchaus ähnlich, allerdings befreit man das Album von allen weltmusikalischen Einflüssen. An ihre Stelle treten elektronisch-experimentelle Interjektionen, die nicht nur spezifische Stimmungen erzeugen, sondern auch lose Fäden zwischen den Stücken spinnen. So entsteht ein fließender Klangraum, der deutlich hörbar in der Tradition der Improvisation steht, die so charakteristisch für die Liveauftritte der Band sein sollten.

Bei *First Communication*, dem Opener, dringen zuerst mystische Ambientsounds ans Ohr, die rasch und homogen in eine erst vorsichtig, dann beständig an Fahrt aufnehmende Gitarrennummer hineinfließen. Die Platte beginnt kraftvoll und akzentstark und macht schon bei den ersten Takten Spaß.

Dialogue And Random (der Übergang von *First Communication* ist fließend) ist ein stakkatoartiges, elektronisches Experiment mit einem frühen Synthesizer, das so auch von Stockhausen hätte komponiert und im Studio für Elektronische Musik des Westdeutschen Rundfunks produziert werden können – hier lassen AGITATION FREE die Grenzen zwischen den Schubladen »E« und »U« recht bewusst zerfließen (ich mag diese E/U-Unterteilung persönlich überhaupt nicht und bemühe sie hier auch nur, weil sie zur damaligen Zeit gerne zur wortwörtlichen Diskriminierung – erst im Sinne der Unterscheidung, dann aber auch im Sinne der Abwertung – benutzt wurde und viele Krautrockbands wie AGITATION FREE, aber zum Beispiel auch HARMONIA einen wertvollen Beitrag dazu geleistet haben, diese wenig hilfreiche Unterscheidung ad absurdum zu führen).

Ist der erste Teil von *Layla* noch von messerscharfen Gitarrenriffs geprägt, entwickelt sich der zweite Teil schon deutlich progressiver: Der Song ist vom verästelnden Schlagzeug im mezzopiano getragen, die Gitarre improvisiert sich um den Beat herum.

In The Silence Of The Morning Sunrise funktioniert im Prinzip recht ähnlich wie *A Quiet Walk*: Elektronische Spielereien bereiten den Hörer auf die Grundstimmung des Titels vor, der Rest ist ein großer Gitarrenjam. *A Quiet Walk* allerdings räumt dem ambientähnlichen Elektronikteil unter dem Subtitel *Listening* ganze fünf Minuten Zeit zur Entfaltung ein. Im zweiten Teil des Tunes mit der Bezeichnung *Not Of The Same Kind* meint man mitunter, Teile des *Norwegian Woods*-Themas der Beatles durch den an die Sitar gemahnenden Gitarrenteppich durchhören zu können.

Haunted Island, der letzte Track der Platte, ist eine düster gefärbte, progressive Nummer, die stilatypisch mit flächigen Sounds, sprechgesangartigen, gedämpften Lyrics, sonst aber mit allen Genreattributen aufwartet. Der Opener *First Communication* und der Closer *Haunted Island* bilden eine wunderbare Klammer um dieses jammende, zuweilen nicht ganz eingängige, dafür aber immer stimmungsgeladene Album. Und das Artwork der Platte verspricht, was die Musik hält; aus der aufgebrochenen Spalte eines von Dürre ausgetrockneten Bodens sprießen die zarten Blätter eines neuen Keims.

Die Kritiken von *2nd* fallen recht ambivalent aus: Den einen kommt der Mix aus Ambient, früher Elektronik und der Gitarrenimprovisation, die allerdings nicht völlig konzeptlos ist, sondern sich freilich kompositorischer Regeln unterwirft, als interessantes, besonderes Krautrockalbum, das flüssig eingespielt ist, sehr zu Pass. In allen Phasen der Bandgeschichte war AGITATION FREE prominent besetzt, auch das macht *2nd* zu einer in Sammlerkreisen durchaus gesuchten Kultplatte. Andere wiederum kritisieren die Beliebigkeit des Albums und attestieren ihm fehlende Tiefe oder einen fehlenden engeren Zusammenhang. Der Guardian adelt die Scheibe indes als eine der »101 strangest records on Spotify«.

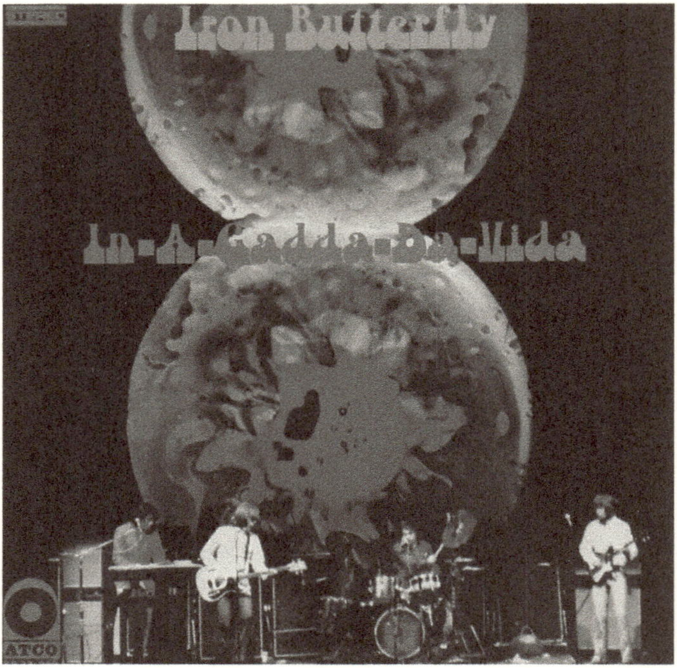

Iron Butterfly – In-A-Gadda-Da-Vida (1968)

Um wohl nur wenige Alben ranken sich so viele Gerüchte und Anekdoten wie um *In-A-Gadda-Da-Vida* von IRON BUTTERFLY. Geschuldet ist dies zweifelsohne dem 17-minütigen Song *In-A-Gadda-Da-Vida* auf der B-Seite, der nicht nur wegen seiner monumentalen Länge in die Rockgeschichte eingegangen ist. Dieser Song dürfte für IRON BUTTERFLY Fluch und Segen zugleich gewesen sein. Segen, weil sich die Platte der jungen Band aus dem Stand als Millionenseller erwies, weil sie die Band weltweit bekannt machte. Fluch, weil die Band – zu Unrecht – gemeinhin auf diesen einen Song reduziert wird und sie sich nicht von ihrem Hitalbum emanzipieren konnte (sie hat es aber auch gar nicht wirklich versucht – zu übermächtig war die Wirkung von Song und Platte). Und so ist es kein Wunder, dass viele der zahllosen Kritiken zur selben Einschätzung kommen: Die Platte ist der Song.

Der »eiserne Schmetterling« formierte sich im Jahr 1966 in San Diego, Anfang 1968 wurde das erste Album *Heavy* veröffentlicht, es war mehr als ein Achtungserfolg, hielt es sich doch 48 Wochen lang in den US-Top-100-Albumcharts. Nach einem umfangreichen Besetzungswechsel und zum Quartett geschrumpft, nahmen IRON BUTTERFLY gleich das nächste Album in Angriff und veröffentlichten nur gute vier Monate später *In-A-Gadda-Da-Vida.*

In-A-Gadda-Da-Was? Welche Sprache soll das sein? Was wird da gesungen? Und überhaupt – was ist das bitte für ein krass verschepperter, ewig langer Song? Und warum ist der Songtitel auch der Albumtitel? Und überhaupt …

Doch der Reihe nach:

Im Mai 1968 spielte man im New Yorker Ultrasonic-Sound-Studio die Platte ein. Die ersten fünf Titel sind solide Psychedelic-Hausmannskost mit mancher Anleihe an etwas, das man wohl gemeinhin als Acid Rock bezeichnet. Pointierte Drums, eine zuweilen schnarrende Orgel und teils wabernde, teils spitze Gitarren – fertig.

Most Anything You Want ist ein netter Hippiespaß, eine Liebesschnulze mit einer eingängigen Melodie, die gut ins Ohr geht, aber nicht lange im Gedächtnis bleiben dürfte. Schlimmer wird es mit *Flowers And Beads*, das so sülzig-schmachtend in den Gehörgang fließt, dass man einen Eimer unter die Boxen stellen möchte, um das aus den Lautsprechern triefende Schmalz aufzufangen. Immer noch schmalzig, aber schon deutlich ambitionierter gespielt und geschrieben ist *My Mirage*. *Termination* hingegen präsentiert sich als ein kurzer und knackiger Rockspaß. Die erste Plattenseite wird mit *Are You Happy* beschlossen, einem druckvoll treibenden kleinen Kabinettstück.

Platte umdrehen, Nadel aufsetzen und da ertönt sie: Leise, zurückgenommen, schelmisch spielfreundig und dennoch mit sakraler Anmutung: Die Orgel, gespielt von Doug Ingle. Und schon setzt gewaltig, gezerrt, mit einem Maximum an Druck gespielt, dieses eine, markante, prägende Gitarrenriff, auf dem der ganze Song mit seinen vielschichtigen, verästelten Improvisationen, seiner nur scheinbaren Repetitivität basiert. *In-A-Gadda-Da-Vida*, das ist der Wechsel von heiß zu kalt, von der Klarheit zur Komplexität, von blütenzarter Leichtigkeit zu tonnenschwerer Gravitas, das ist ein musikgewordenes Wechselbad der Gefühle, ein Sog, ein Trip, ein orgiastischer Jam. Seine Soli sind allesamt meisterlich, gehen nahtlos ineinander über, zitieren sich gegenseitig und ziehen so unterschiedlichste Klangebenen in das Werk ein, zwischen denen die Musiker spielerisch zu wandeln verstehen. Und die siebzehn Minuten Laufzeit des Songs vergehen wie im Flug, ein Song, der zum aufmerksamen Zuhören genauso einlädt wie zu ein- und abtauchen. Denn *In-A-Gadda-Da-Vida* ist kein akademisches Artrock-Stück oder gar ein protziges Zurschaustellen der spielerisch-technischen Fähigkeiten der Solisten, nein, In-*A-Gadda-Da-Vida* ist purer Rock'n'Roll und bleibt vom ersten bis zum letzten Takt tanzbar. Und so hat es der monströse Longtrack nicht nur ins Airplay diverser Radiostationen, sondern auf die Tanzflächen der Discotheken geschafft – eine Ehre, die nur sehr wenigen plattenseitenfüllenden Titeln beschieden war. Knallig wie der ganze Tune ist auch sein Ende – da wird einfach noch einmal das Grundthema straight und eindringlich wiederholt und – bumm – ist es vorbei! Was für ein Brett!

In-A-Gadda-Da-Was? Dadaistische Lautmalerei im Stile von Merz und Schwitters? Das Ergebnis eines heftigen LSD-Trips? Ein geheimer Code gar, der außerirdischen Lebensformen von der Friedlichkeit der Menschheit oder zumindest der Hippies kündet? Nein. Das alles wohl eher nicht. Obwohl: Die gängigste Interpretation, Ingle hätte den eigentlich für das Stück vorgesehenen Titel »In The Garden Of Eden« nach dem Genuss zweier Flaschen Wein nurmehr lallen können und dieses Lallen gefiel so sehr, dass man ebendieses Lallen phonetisch niederschrieb, hält sich hartnäckig. Für diese Theorie spricht der Rest des Textes: »In a gadda da vida, honey / don't you know that I'm lovin' you. / In a gadda da vida, baby / Don't you know that I'll always be true. / Oh, won't you come with me / and take my hand? / Oh, won't you come with me / and walk this land? / Please take my hand.«

Seien wir ehrlich: Textlich gibt die ganze Platte nicht viel her und *In-A-Gadda-Da-Vida* schon gar nicht. Das macht aber auch nichts.

Auch die Produktionsumstände des Songs verdienen Erwähnung: *In-A-Gadda-Da-Vida* wurde in einem Take, also am Stück aufgenommen. Überliefert sei demnach, dass die Band zum Soundcheck im Studio den Song einfach spielte und der Toningenieur Don Casale, der auch für die RASCALS, Petula Clark oder Merilee Rush arbeitete, einfach das Band mitlaufen ließ. Das Ergebnis konnte überzeugen, ein weiterer Versuch, den Song mehrspurig einzuspielen, wurde gar nicht unternommen – das Ding war exakt so gut, wie es im Kasten war, und wurde später, nur um den Gesang ergänzt und sauber abgemischt, zum Welthit.

Ob das mit dem Wein und dem Soundcheck und dem Band alles wirklich so stimmt – wer wollte das heute mit letzter Sicherheit sagen?

Die Platte aber verfehlte ihre Wirkung nicht und verkaufte sich über die Jahre zigmillionenfach. Das mag auch an dem gefälligen und hippiekompatiblen Artwork von Loring Eutemey, der gerade in den 60er- und 70er-Jahren für viele Plattencover in Pop und Jazz verantwortlich zeichnete, geschuldet sein. Seine ganz besondere Typografie in Kombination mit dem Liveset-Foto Stephen Paleys, dass die Band vor einer Doppelprojektion eine kaleidoskopähnlich verlaufenden, bunten Flüssigkeit zeigt, erzeugt einen ausgesprochen hohen Wiedererkennungswert der Platte. Sie ist heute glücklicherweise nicht wirklich selten und eine der ungezählten Nachpressungen lässt sich »second hand« für ein paar Euro erstehen. An die Sammler ein Hinweis: Die A-Seite der Scheibe ist in der Regel meist weniger bespielt als die B-Seite, auch bei meinem Exemplar ist das der Fall.

Van Halen – Atomic Punks / Live USA (1978/1990)

Wir müssen über Bootlegs sprechen, also jene Form von Audioaufnahmen von (in der Regel) Konzerten (seltener auch von Radiomitschnitten), die durch die jeweiligen Bands und/oder Plattenfirmen nicht autorisiert wurden und sich daher mehr oder weniger rechtswidrig auf dem Markt befinden.

Ein Bootleg ist im Kern eine »Raubkopie« (ich verwende diesen Kampfbegriff nur mit einem gewissen Widerwillen, weil er entsetzlich unpräzise, aber wertend und ideologisch aufgeladen ist), wobei es sich dennoch von einer solchen unterscheidet: Während die gängige »Raubkopie« ein illegal duplizierter Tonträger eines kommerziell vermarkteten Produkts ist, ist das Bootleg eine Aufnahme, die selten von der Band oder den Rechteinhabern selbst angefertigt wurde und nicht zur Verwertung freigegeben wurde. Typischerweise handelt es sich also um aus dem Publikum auf mobilen Recordern gefertigte Konzertmitschnitte, die dann auf verschlungenen Wegen in ein Kopier- oder Presswerk gelangt sind, um, versehen mit einem mehr oder weniger professionellen Cover, unter den Fans mal unter der Hand, mal ganz offen in Plattenläden gehandelt zu werden. Bootlegs sind häufig auf den ersten Blick als solche erkennbar und nicht weniger oft ist die technische Qualität von Bootlegs unterdurchschnittlich bis bescheiden.

Und dennoch sind diese Bootlegs interessant – für Sammler, weil sie mitunter recht selten sind und nur in kleinen Auflagen hergestellt werden, für Musikbegeisterte, weil sie authentische Dokumentationen der Aufführungspraxis einer Band darstellen.

Übrigens waren nicht alle Bootlegs immer und überall illegal:

Lee Marshall beschreibt in seinem 2005 erschienenen Buch *Bootlegging: Romanticism and Copyright in the Music Industry* einen sog. »protection gap« (der wenig gebräuchliche deutsche Begriff für solche Platten lautet »Schutzlückenbootleg«), also eine Lücke im Urheberrecht, die es in Deutschland, Italien und Australien in den 1980er- und 1990er-Jahren ermöglichte, diese illegalen Konzertmitschnitte legal zu vervielfältigen und offiziell über den Handel zu vertreiben, ohne Zahlungen an die Rechteinhaber leisten oder die Veröffentlichung bei Künstlern, Verlagen oder Labels lizenzieren zu müssen (wobei zumindest in Deutschland bei diesem Geschäftsmodell GEMA-Gebühren abgeführt wurden).

Hierzulande hat sich ein Label mit der Firmierung Imtrat GmbH aus der niederbayerischen Stadt Landshut besonders mit der kommerziellen Verwertung von Bootlegs im Rahmen dieses »protection gaps« hervorgetan. Unter dem Quasi-Label »Live and Alive« belieferte Imtrat den Tonträgerhandel mit günstigen CDs und Musikkassetten. Sie wurden unter anderem über die Media-Saturn-Gruppe und die Tonträgersparte der Drogeriehandelskette Müller vertrieben und waren, man möge mir diese etwas drastische Beschreibung nachsehen, typische Wühltischware. Auf diese Weise bin auch ich zu Bootleg-MCs von R.E.M. und einer Aufnahme von Van Halen gekommen. Ich fand die Kassetten Mitte der 1990er-Jahre in der Schütte eines Schwabacher Drogeriefilialisten und nahm sie um den fast schon symbolischen Preis von einer Mark je Stück mit – ohne große Erwartungen an den Inhalt zu knüpfen. Das Band war ja billiger als eine Leerkassette.

Mit dem Vermerk »Live USA« und einer doch recht auffällig wie handwerklich nur mäßig gestalteten Computergrafik buhlten diese Medien um die Gunst des preisbewussten Käufers, der große Bandname bot den Kaufanreiz und anhand des Inlays war nicht zweifelsfrei zu erkennen, dass es sich bei den Aufnahmen um ein Bootleg handelte –

zierte viele dieser Veröffentlichungen doch zusätzlich noch der Schriftzug »Original Artist Recording«.

Dieser Umstand macht übrigens noch heute Probleme: Einschlägige Internetforen sind voll von Berichten von Verkäufern, die versuchten, diese Tonträger über Plattformen wie Ebay oder den Amazon Marketplace second hand zu verkaufen und dadurch Opfer von Abmahnanwälten wurden. Obschon diese Medien eine Zeit lang völlig legal und offiziell im Niedrigpreissegment gehandelt wurden, handelt es sich doch um nichtautorisierte Aufnahmen – ob der Second-Hand-Handel mit diesen Aufnahmen nun legal ist oder nicht, scheint selbst unter Juristen umstritten. Mitunter sind die Imtrat-CDs und -MCs auf Amazon, Ebay oder Discogs nicht handelbar, mitunter kann man sie ganz regulär bei den in aller Regel privaten, nichtgewerblichen Verkäufern erwerben. Ob das nun legal oder nicht legal ist, kann, will und werde ich an dieser Stelle nicht beurteilen.

Die Brüder Eddie und Alex Van Halen gründeten 1972 die Hardrockband VAN HALEN, 1974 stieß Sänger David Lee Roth und der Bassist Michael Anthony zur Gruppe – viele Gigs absolvierte die in Pasadena beheimatete Combo in den Clubs von Los Angeles, wo sie 1976 von Gene Simmons, dem Bassisten von KISS, entdeckt und gefördert wurde. Simmons ermöglichte VAN HALEN die Produktion eines Demobandes, doch es sollte noch zwei Jahre dauern, bis der erste Plattendeal an Land gezogen werden konnte – beim Major Warner. VAN HALEN gingen ins Studio und landeten 1978 mit ihrem Debüt *Van Halen* einen Riesenerfolg: Das Album verkaufte sich allein in den USA zehn Millionen Mal.

Der Sound der Band jener Tage darf durchaus als druckvoll und ungeschliffen bezeichnet werden. Im Studio agieren VAN HALEN wie eine Liveband und spielen ihre Titel zusammen in voller Besetzung ein, nicht in unterschiedliche Stimmen auf unterschiedlichen Spuren separiert, wie es bei der professionellen Musikproduktion allerorts seit den späten 1960er-Jahren Standard war. Erst in den 80ern wird der Sound VAN HALENS cleaner und durch den Einsatz von Synthesizern auch flächiger und pompöser. Weil aber die Alben allesamt wie unter Livebedingungen mit wenig nachträglicher Bearbeitung und nur seltenen Overdubs produziert wurden, sah man weder seitens der Band noch bei ihrem Major Veranlassung, eine Liveplatte zu veröffentlichen, bis 1992. Wer in den 70er- und 80er-Jahren VAN HALEN also live hören wollte, dem blieben zwei Möglichkeiten: der Konzertbesuch oder der Rückgriff auf Bootlegs.

Und um so ein frühes Bootleg soll es also heute gehen, ein Bootleg, das es wegen des zuvor beschriebenen Imtrat-»Engagements« hierzulande zu gewissen Stückzahlen gebracht hat, und das als CD und MC mit dem unprätentiösen Titel *Live USA* alles andere als selten ist – aber auch eine frühere Vinylversion taucht immer wieder auf.

Das ist nämlich dem Umstand geschuldet, dass die Aufnahme nicht von Imtrat erstveröffentlicht wurde, sondern bereits 1978 vom unbekannten Bootleg-»Label« Maniac Guitar Records, das den auf den 20. Dezember 1977 datierenden Auftritt im Pasadena Civic Auditorium (ja, genau jene Konzerthalle, in der in den 1980er- und 1990er-Jahren die US-amerikanischen Fernsehpreise, die Emmy-Awards verliehen wurden) der Einfachheit halber als *Atomic Punks* betitelte.

Das Plattencover dieser LP besteht aus neutraler Pappe, auf dem einfach ein Schwarzweißdruck mit den Titelinformationen und einem Foto der Band geklebt wurde – die Ausstattung ist simpel und auch von der Tonqualität (gemessen an heutigen Standards ist es wohl keine Übertreibung, sie als äußerst eingeschränkt zu bezeichnen) durfte man schon damals keine Wunder erwarten.

Doch das, was zu hören ist, lässt jede Unzulänglichkeit des Bootlegs vergessen …

Wir erleben David Lee Roth und Eddie van Halen in Höchstform. *On Fire*, gefolgt von *Feel Your Love Tonight* liefern soliden Hard Rock, rau und rotzig, mit hohem Spaßfaktor. So richtig herzhaft gegrölt ist *On Fire* ein Hammer-Opener, kurz, krawallig, geil. Man weiß sofort, was die Platte kann. Auch *Feel Your Love Tonight* enttäuscht in dieser Hinsicht nicht. Eddie Van Halens Gitarre röhrt, das Duett mit David hat gut Power, ohne sich zu überreizen. Schon jetzt macht das Teil Bock und es folgt der erste Ohrwurm. *Running With The Devil* ist ein All-Time-Classic!

Hart und unerbittlich schrammelt sich *Atomic Punk* wie ein Mähdrescher in den Gehörgang und kommt huckepack mit einer beträchtlichen Portion Punkrock-Attitüde daher – eine endgeile Lärmkannonade, die ohne das kurze Gitarren- und Drumsolo wohl wirklich zum Pogo einladen könnte. Der nächste Ohrwurm: Die Powerballade *Little Dreamer* hebt sich von diesem Bootleg ein wenig ab – nicht nur, weil das Tempo gemäßigter ist, sondern weil es im Text ausnahmsweise mal nicht ums Vögeln geht (auch das muss gesagt sein: So sehr ich die Musik VAN HALENS schätze, so mitreißend ihre Performances sind – die Texte haben dem Hörer nichts Substanzielles mitzuteilen).

Aber dann geht's schon wieder weiter in bester alter Rock'n'Roll-Manier: *Somebody Get Me A Doctor* haut in bewährter Art und Weise wieder gut aufs Maul und *Ice Cream Man* ist ein kleiner, augenzwinkernder Rock'n'Roll-Spaß – und überdies ein gelungenes Cover.

Die B-Seite wird von einem echten Bomber eröffnet, nach *Jump* (das ich persönlich nicht so mag) der Hit VAN HALENS schlechthin: *Ain't Talking Bout Love*, dieser unglaubliche Tune, der nur auf diesem einen, so unsagbar eingängigen Riff basiert, der ganze Hallen aus dem Stand zu ekstatischen Tänzen bewegt, der im Kern so einfach und doch so fulminant daherkommt – ein Rocksong für die Ewigkeit! Und in der Livefassung gewinnt er freilich noch einmal.

Eruption erweist sich als wahrhaftiger Ausbruch – die schiere Leistungsschau von Eddie Van Halens Gitarrenkunst ist so ebenfalls nur live denkbar und geht nahtlos in *D.O.A.* über – bester, solider Hard Rock. Das Album wird beschlossen vom Kinks-Klassiker *You Really Got Me* – Van Halen können ihre tiefe Verwurzelung im Rock'n'Roll nicht verhehlen und reißen das Publikum mit einer klassischen Question-and-Answer-Performance noch einmal voll mit. Ziemlich genau eine Dreiviertelstunde wurde in diesem behutsam, die Dramaturgie erhaltend zusammengestellten Bootleg derb auf die Tube gedrückt. Einfach nur geil.

Ja, diese Scheibe hat viele Unzulänglichkeiten: Der Handel mit ihr ist rechtlich nicht unproblematisch, das Cover war und ist Mist und die Tonqualität entspricht dem, was ein kleiner Kassettenrecorder in den späten Siebzigern herzugeben vermochte (und das ist nicht viel). Aber diese Scheibe zeigt nachdrücklich, warum sich Fans, Freaks und Sammler so um Bootlegs reißen. *Atomic Punks* ist mehr als nur ein illegaler Konzertmitschnitt. Es ist ein Zeitdokument. Und eine verdammt gute Platte.

Bachman-Turner Overdrive – Four Wheel Drive (1975)

Ein bisschen prollig, hochmelodisch und mit ordentlich Wumms – so lässt sich knapp der Sound der kanadischen Hardrockgruppe Bachman-Turner Overdrive beschreiben.

In den späten Sechzigern spielte Randy Bachman bei The Guess Who, 1970 verließ er die Band, um sein eigenes Ding zu machen, Chad Allan, der einstmals The Guess Who gründete, die Band aber um 1965 verlassen hatte, unterstützte ihn. Wie Hardrock-Hits funktionieren, hatte Bachman bei der Truppe gelernt, *American Woman* war 1970 der erste kanadische Song überhaupt, der sich in den USA auf dem ersten Platz der Charts behaupten konnte. Mit diesem Rüstzeug also sollte Bachmann 1970 Bto aus dem Boden stampfen.

Am Bass der neu gegründeten Band spielte ein gewisser Fred Turner, der 1971 nicht nur mit Randy Bachman, sondern auch seinen Brüdern Tim (Gitarre) und Robbie (Drums) in dem nur kurz existierenden Band-Seitenprojekt Brave Belt Erfahrung sammelte. Bto veröffentlichten 1973 ihr erstes Album, das so heißt, wie die Band, ein Jahr später folgten bereits die Platten *II* (mit dem ersten großen Hit *Takin' Care of Business*) und im selben Jahr *Not Fragile* (mit dem Top-Hit *You Ain't Seen Nothing Yet*). 1975 folgt dann *Four Wheel Drive*, ein Album, das meiner bescheidenen Meinung nach völlig zu Unrecht im Schatten von *II* und *Not Fragile* steht.

Denn schon, wenn die Nadel aufsetzt, beginnt die Schussfahrt im allradgetriebenen Rockmobil: *Four Wheel Drive* ist ein schneller, klarer Song, der im Wesentlichen auf zwei Riffs basiert, mitgröltauglicher Refrain (»four wheel drive / for wheel drive / side by side / four wheel drive« – it's as simple as that) und nette Gitarrensoli inklusive. Macht jedenfalls schon mal richtig Bock.

She's A Devil – cleanes Intro, ein Wechselbad der Gefühle, ein Wechsel zwischen laut und leise, richtig dick aufgetragen und sehr fett produziert. *Hey You* ist ein aalglatter, prototypischer Rocksong, *Hey You* bringt alles mit, was ein Rocksong im Jahre 1975 liefern muss, und klingt nach Freiheit, Liebe, Abenteuer. Der Song, der auch als Single ausgekoppelt wurde und sowohl in Europa wie auch den USA gute Resonanz im Radio fand, ist fast ein bisschen vorhersehbar – und dennoch handwerklich einfach gut gemacht.

Flat Broke Love hingegen klingt irgendwie ein bisschen nach ZZ Top, nur halt eben eine dezente Spur härter – und in dieser Tradition steht auch *She's Keeping Time*. Beide Titel als filler zu bezeichnen, wäre aber unfair – denn sie gehen gut ins Ohr und stehen durchaus eigenständig für sich. *Quick Change Artist* repliziert im Sound den ersten großen Hit Bachman-Turner Overdrives, *Takin' Care of Business*. *Lowland Fling* wiederum ist ein schön gemachter, bluesiger Song, der wie die die ganze LP ohne große Ecken und Kanten auskommt. Und *Don't Let The Blues Get You Down* ist halt genau das, harter, ordentlicher Blues, der das Album würdig beschließt. Zurück ins Sleeve mit dem Teil, auf das es recht bald wieder aus der Plattensammlung gezogen werde. Apropos Sleeve: Die Sleeve Art ist recht übersichtlich, besteht sie im Wesentlichen doch aus dem in Gold stilisiertem Bandlogo, den Buchstaben B, T und O mit dem beigeordneten Maple Leaf im Zahnkranz vor schwarzem Grund. Es kann manchmal so einfach sein.

Four Wheel Drive ist ein stimmungsvolles, fröhliches und unbeschwertes Album, das nahtlos exzellentes Handwerk abliefert und nicht im Ansatz nervt. Es repräsentiert sehr vortrefflich einen dicken, kräftigen 70s-Hardrocksound. Wer gerne Ac/Dc hört, aber ein bisschen mehr Melodie mag, wer Golden Earring schätzt, aber etwas mehr Abwechslung sucht, wer gerne ZZ Top auflegt, es aber eine Spur härter gebrauchen kann, wer sich vom Beat gerne einmal anstrengungslos anschieben lassen möchte und wer akustischen Rückenwind liebt, der ist mit *Four Wheel Drive*, jener Platte, die in der Diskografie von Bto ein Schattendasein fristet, jener Platte, die von der Kritik gerne als allzu beliebig abgetan wird, bestens beraten.

White Stripes – White Blood Cells (2001)

Wenn Du als Duo auftrittst, dann musst Du es schon extrem draufhaben, um einen Saal richtig abgehen zu lassen. An den Auftritt der WHITE STRIPES im Saal des Nürnberger KOMMs (das zu diesem Zeitpunkt schon das »K4« war, das selbstverwaltete, bundesweit bekannte KOMM fiel bereits 1996 dem soziokulturellen Kahlschag der CSU-Stadtspitze zum Opfer) im Rahmen der Tour zu ihrem dritten Album *White Blood Cells* im März 2002 kann ich mich noch überraschend lebendig erinnern. Es war Jack Whites perkussives Gitarrenspiel, es war das Lo-Fi-Feuerwerk, dass die vermeintlichen Geschwister White da abbrannten, dass die Konzertbesucher mit den ersten Takten gefangen nahm und im Verlauf des Konzerts zu pogoähnlichen Ausbrüchen bewegte. Es ist schier unglaublich, mit welcher hemmungslosen Kraft die Stripes das Publikum zu entfesseln verstanden.

Und auch auf der Platte *White Blood Cells* ist diese Kraft, die sich im geradlinigen Spiel, in kurzen, pointierten Songs Bahn bricht, in die Rillen gebannt – mit diesem Album krönen sich die Stripes einfach selbst als unanfechtbare Könige des Garage Rocks. Meg White trommelt unvermittelt direkt, nicht übertrieben elegant, aber dafür mit umso mehr Drive, Jack wiederum bearbeitet mal hart, mal härter die Saiten der Gitarre und singt dazu mit seinem wunderbar rauen Timbre. Diese Kombination, sie lebt nicht von der Feinheit und Differenziertheit im Ausdruck, sondern von höchster Authentizität, wirkt sofort: Man kann nicht still sitzen, möchte, muss tanzen. Das dritte Album der Stripes scheint beim oberflächlichen Durchhören an der einen oder anderen Stelle improvisiert – je häufiger sich die Scheibe dreht, desto deutlicher wird, dass die Stripes ihren Stil bereits zu diesem frühen Zeitpunkt komplett ausgereift hatten.

Amps einschalten, Gitarre einstöpseln, ein kurzes, quietschendes Feedback und da ist er, der Opener *Dead Leaves And The Dirty Ground* – und mit dem ersten Riff weißt Du: Das ist Rock'n'Roll. Ein bisschen zu schnell zum Mitschunkeln gerät *Hotel Yorba*, aber der Song hat echte Stimmungsmacher-Qualitäten. Schön fügt sich der Einsatz von Piano und Rhodes bei *I'm Finding It Harder To Be A Gentleman* in die Melodie ein.

Der Hit der Scheibe ist zweifelsohne *Fell In Love With A Girl*. Drischt gut rein, laut, schnell, dreckig, mitgrölbar und der Song bleibt ewig im Gedächtnis. *Fell In Love With A Girl* stürmte in England die Hitparade, die Single verkaufte sich hervorragend und das zugehörige Stop-Motion-Lego-Musikvideo des Franzosen Michel Gondy avancierte binnen Kurzem zu Kult. Und nach einer Minute und 50 Sekunden ist der Spaß auch schon wieder vorbei.

Das Songwriting von *I Can't Wait* erinnert an Kurt Cobain. Erwähnenswert ist auch der Closer *This Protector*, eine kleine Hymne mit großartiger Klarheit, die noch einmal vor Ohren führt, welch souveräne Melodien die Stripes zu komponieren verstehen.

Waren die White Stripes Ende der 1990er-Jahre in Detroit Lokalmatadore, darüber hinaus aber nur in den USA bekannter, sollte sich dies mit *White Blood Cells* ändern: Vom Label Sympathy For The Record Industry (Hole, Hellacopters, Turbonegro, Oblivians) wechselte man zu den Briten XL Recordings (ein Spin-off von Beggars Banquet, das ursprünglich für Dance-Acts geschaffen wurde und durch die Veröffentlichungen von The Prodigy rasch an Bedeutung gewann) – und wurde nicht nur schlagartig im Rest der Welt berühmt, sondern enterte auch schnell die UK- und US-Albumcharts.

Damit ist der intime Indie-Charme, den das Album versprüht, natürlich Illusion. Und dennoch bleibt man sich treu: Wie alle ihre Albencover ist auch dieses konsequent in den

Farben rot und weiß (und schwarz natürlich) gehalten, die typische Stripes-Ästhetik erkennt man auf viele Meter Entfernung. Wie nur wenigen anderen gelingt den WHITE STRIPES, den Rock'n'Roll auf seine Essenz zu reduzieren und diese dann schnörkellos, schnell und direkt zu Gehör zu bringen. Bis zur Auflösung der Band bewahrte man sich dieses Talent und kultivierte es: Man erinnere sich nur an das berühmte Riff des Songs *Seven Nation Army* vom Folgealbum *Elephant*, das sich binnen kürzester Zeit als Schlachtgesang in den Stadien der Welt etablierte und somit Teil des kollektiven musikalischen Gedächtnisses wurde. So etwas kann freilich nur gelingen, wenn stilistische Sicherheit auf ein untrügliches Gespür für Melodie und Rhythmus trifft.

Diese Qualitäten des Ehepaars White, dass sich viele Jahre als Geschwisterpaar ausgab und auch nach seiner Trennung als Band kontinuierlich und im besten Wortsinne harmonisch weiterarbeitete, prägen auch *White Blood Cells*. In vierzig Minuten sind 16 Songs gespielt, jeder für sich eigenständig, reduziert auf das Nötigste und damit so hoch konzentriert, dass die Scheibe vom ersten bis zum letzten Takt ins Mark trifft.

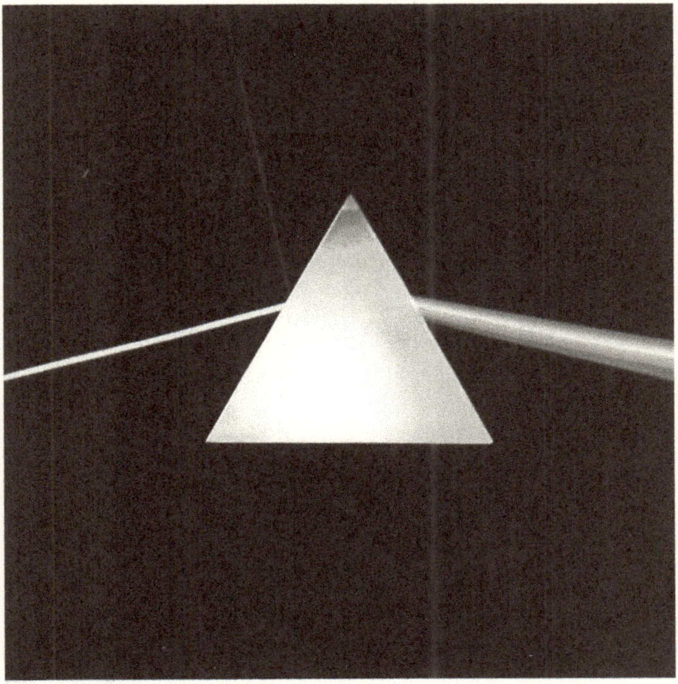

Pink Floyd – The Dark Side Of The Moon (1973)

Wohl in jeder erfolgreichen Rockband gibt es einen oder gar mehrere Sündenfälle. Der Sündenfall PINK FLOYDS – David Gilmour und Roger Waters plagte hierüber jahrelang das schlechte Gewissen – war der Rauswurf des genialen wie auch wahnsinnigen Frontmanns Syd Barrett. Barrett litt unter psychischen Problemen, die sich durch seinen exzessiven Drogenkonsum 1968 so verstärkten, dass sich die Band von ihrem Gründungsmitglied und Freund wegen seiner Unzuverlässigkeit trennte, wohlwissend, dass diese Trennung nicht geeignet war, zur Stabilisierung seines hochlabilen gesundheitlichen Zustands beizutragen. Und dennoch: Die

Band PINK FLOYD hätte wohl mit Barrett nicht weiterexistieren können – ein klassisches Dilemma: Man kann nicht mit, man kann nicht ohne einander.

PINK FLOYD fanden im Wesentlichen zwei musikalische Zugänge, sich mit dem Thema auseinanderzusetzen – direkt mit *Wish You Were Here*, das Syd Barrett gewidmet ist und indirekt mit dem Album *The Dark Side Of The Moon*, das sich nach der Suche nach einer neuen musikalischen Ausrichtung mit der Fragestellung auseinandersetzt, welche (Macht-) Faktoren Menschen so schwer in Mitleidenschaft ziehen können, dass sie, im Umgang mit ebendiesen Faktoren scheiternd, an sich selbst zerbrechen. *The Dark Side Of The Moon* versteht sich als ein Konzeptalbum im weiteren Sinne, als eine in sich geschlossene musikalische Reflexion dieser zum »Wahnsinn« führenden Umstände mit all seinen Facetten – gepaart mit den Themen, die die Bandmitglieder 1973 sonst noch so beschäftigten und die sich in dieser Betrachtung subsumieren ließen: Die mit dem Erfolg einhergehenden negativen Auswirkungen auf die Band und die Rolle der Musikindustrie wie auch der Utopieverlust der Hippies, denen man sich nicht nur musikalisch in den Gründungsjahren PINK FLOYDS so nahe, so verbunden fühlte. Die Albumidee wird, wen will es wundern, Roger Waters zugeschrieben. (Am Rande: Viele Fans empfanden Waters' Ausstieg aus der Band 1985 als eine Art Befreiung, auch in musikalischer Hinsicht. Das sei jedem unbenommen. Aber gerade *The Dark Side Of The Moon* zeigt, welch kompositorisches Talent und welch sicheres Gespür für ganz große Rocksongs Waters seinerzeit hatte.)

Diese Reflexion wird von der Band in kaum voneinander separierbaren Songs vorgenommen, die für sich isoliert nicht wirklich funktionieren. Den Sog des Albums erlebt der Hörer in seiner Gesamtheit – *The Dark Side Of The Moon* ist eine Platte, die am Stück gespielt werden möchte, ein am und in ein Stück gegossenes eigenes kleines Klang-Universum.

1973 mag das Album auch im Schaffen PINK FLOYDS eine Zäsur dargestellt haben. Mit den eingeflochtenen Geräuschen zelebriert man einen neuen Klangrealismus, dem viele andere Bands der ihren Zenit bereits überschrittenen Hippiebewegung immer wieder zu entfliehen versuchten, ihre Utopien aus freier Liebe und bewusstseinserweiternden Drogen entgegenstellend. Von beidem ist auf dem wohlgemerkt achten Studioalbum PINK FLOYDS nichts zu hören, im Gegenteil: So einnehmend voluminös der Ton der Musik auch aus der Rille dringen mag, so klar die Höhen den Raum erfüllen, so nüchtern bleibt das Album doch an der tönenden Realität, um dann schrittweise eben diese Realität an den Rand des Wahnsinns zu führen, um beide letztendlich ineinander verschmelzen zu lassen – unterbrochen vom Scheppern und Ticken der Uhren, dem Rasseln der Registrierkassen, in die klingende Münzen geworfen werden. So steht diese Platte aber auch in bester Floyd-Tradition, gesellschaftliche Missstände anzusprechen.

Bei *The Dark Side Of The Moon* produzierte man nach dem Motto »klotzen statt kleckern«: Die Abbey Road Studios boten in jenen Jahren das modernste, aufwendigste Equipment der britischen Inseln, der leitende Toningenieur war niemand geringeres als Alan Parsons, der, obschon zu diesem Zeitpunkt erst 23 Jahre alt, auch bereits für die BEATLES die Regler geschoben hatte. Er wird sich mit dieser Hochglanzproduktion nicht nur als versierter Audio-und-Synthesizer-Tüftler ins Gedächtnis der Rockfans schreiben, mehr noch: Die Songs des Albums sind eingebettet in eine in Klarheit und Ausdruckskraft perfekte Klangcollage, die dem Album einen mitunter schon hörspielhaften Touch verleiht. Mit horizontbreiten Sounds und kristallschillernden Backingvocals ist der Longplayer auch kein typischer Vertreter des Psychedelic Rock, vielmehr changiert man mit absoluter stilistischer Sicherheit zwischen den Genres Rock und Art-Pop. Nach meinem persönlichen Geschmack ist es Parsons ganz hervorragend gelungen, eine wirklich pompöse Produktion abzuliefern, ohne dabei in die schiere Effekthascherei abzugleiten – zeitgenössische Kritiker sahen das mitunter ganz anders und warfen der Platte fehlende musikalische Tiefe vor, über die die aalglatte Produktion, die die Herzen von »HiFi-Snobs« höherschlagen lasse, hinwegtäusche (in der Tat: Wer sich noch heute in einem Fachgeschäft eine gute Stereoanlage vorführen lässt, bekommt nicht selten *The Dark Side Of The Moon*, Phil Collins' *Another Day In Paradise* oder etwas vom *Brothers In Arms*-Album von den DIRE STRAITS aufgelegt, allesamt Platten, die durch ihre perfekte Produktion selbst über größere technische Fehler in der Wiedergabekette hinwegtäuschen können).

Auch beim Schallplattencover, dass das Aufbrechen des Lichts durch ein Prisma in seine Spektralfarben vor schwarzem Hintergrund zeigt, und zum popkulturell-ikonografischen Allgemeingut wurde, überließ man nichts dem Zufall. Mit der Gestaltung war die Londoner Agentur Hipgnosis betraut (das Kofferwort hipgnosis wurde von Syd Barrett geschaffen, er malte es einfach an die Tür des Designers Storm Thorgerson), die auch Plattencover für LED ZEPPELIN, GENESIS oder später EUROPE schuf.

Eine solche Melange musste einfach funktionieren. Musikalisch, stilistisch und kommerziell. Seinerzeit wurde seitens der Plattenfirma das Album mit einer breit angelegten Werbekampagne in den USA eingeführt, was sich als ziemlich unnötig erwies, es verkaufte sich auch so – und hielt sich über 14 Jahre hinweg in den Top 200 der Billboard-Albencharts. Ein Rekord, den niemand mehr je brechen konnte.

Zu viel des Ruhms? Heute, fast fünfzig Jahre nach dem ersten Erscheinen muss sich dieses Album, nach *Thriller* von Michael Jackson und *Back in Black* von AC/DC das sich mit insgesamt fünfzig Millionen Einheiten am drittbesten verkaufende Album der Welt, schließlich noch einer kritischen zeitgenössischen Betrachtung stellen. Sicher, dieses Stück

Musik wurde spiegelglatt geschliffen. Waren seinerzeit viele Hörer in ihrer Erwartung, von PINK FLOYD eine weitere Psychedelic-Rock-Platte serviert zu bekommen, enttäuscht, so spielt dies heute keine Rolle mehr. Dafür hat man sich inzwischen am ausladenden Backgroundgesang doch etwas abgehört, die auf einen möglichst transparenten Klang zielende deutliche Betonung von Höhen und Stimmen ist man inzwischen gewohnt, auch das bietet keine im Kern neuen Höreindrücke. Bleibt die Musik und das Arrangement, das sich in der Tat als zeitlos erweist. *The Dark Side Of The Moon* kündet von den Zwängen, die den Menschen nicht nur an seinem Glück hindern, sondern ihn, sofern er dafür empfänglich ist, in den Wahnsinn treiben können. Auch fünfzig Jahre später hat sich an diesen Zwängen – fliehende Zeit, Geld, Krieg – nichts geändert. Eingebettet in den menschlichen Herzschlag, dieses pulsierende Symbol des Lebensrhythmus, bleibt es eine klassische Platte, die heute genauso dick klingt wie damals.

The Smiths – Strangeways, Here We Come (1987)

Es mag nicht als solche konzipiert worden sein, aber es ist eine Abschiedsplatte, eine Trennungsplatte – selbst, wenn sie hie und da manchmal sogar nach Aufbruch klingt. Ein Abschied kann ja auch ein Aufbruch sein. »Es«, das ist das Album *Strangeways, Here We Come* der legendären Band THE SMITHS.

Im fünften Jahr des Bestehens der Band, 1987, trennen sich THE SMITHS wieder, kurz, nachdem »Strangeways«, wie das Album unter Fans verkürzt genannt wird, aufgenommen ist. Zu unterschiedlich sind die künstlerischen Vorstellungen des genialischen Sängers und Frontmanns Morrissey und dem nicht minder genialischen Gitarristen, Producer und zeitweise auch Manager Johnny Marr. Die Band hat da bereits ganz andere Krisen durchlitten und auch bewiesen, dass dieses »Krise als Chance«-Ding sogar funktionieren kann: Die in musikalischen Fragen ständig auseinanderdriftenden Antagonisten Morrissey und Marr schafften es gerade in ihrer Gegensätzlichkeit (und der Gegensätzlichkeit ihrer stilistischen Vorprägungen), eine einzigartige musikalische Melange zu kreieren, in der mit einer schier unglaublichen Selbstverständlichkeit verschiedenste Genres ineinanderfließen. Auch musste die Band ihren zu sehr in die Heroinsucht abgeglittenen Bassisten Andy Rourke zeitweise wegen Unzuverlässigkeit rausschmeißen – zwei Wochen nach diesem Arschtritt hatte Rourke seinen Entzug durch und sich und seine Gesundheit soweit im Griff, dass er wieder spielen konnte. Solche Erfahrungen, so möchte man meinen, seien hilfreich, um den Zusammenhalt einer Band zu stärken – es hat so nicht sein sollen. THE SMITHS lieferten also noch einmal eine Platte ab, in deren Titel sie kurzerhand dem Männerknast Strangeways (wie geil ist dieser quasi sprechende Name denn bitte!) in Manchester referenzieren (die Rückseite des Covers zeigt ein Foto des Wegweiser-Straßenschilds) und: aus die Maus.

Der Opener *A Rush and a Push and The Land Is Ours* ist ein sehr starker Einstieg in die Platte, musikalisch wie textlich, wendet sich der Song doch gegen die Kolonialisierung und das britische Commonwealth.

Den richtigen Drive entwickelt *Death Of A Disco Dancer*.

Komponiert als Ballade nach alter Väter Sitte ist der Kontrast zum wirklich depressiv gestimmten Text und den hohen Ambivalenzen in der Gefühlswelt des Sängers extrem: *Girlfriend In A Coma* ist so weich und zuckersüß, dass es einem die Kehle zuschnürt. Der Titel, der sich indirekt auch mit der Krankheit AIDS auseinandersetzt, wurde Ende der 1980er-Jahre freilich anders gehört als heute, denn eine HIV-Diagnose kam in diesen Tagen einem Todesurteil gleich. Dieser Bezug zu einem damals quasi tagesaktuellen Thema erklärt auch, warum diese schwere Kost es in England als dritte Singleauskopplung des Albums im August 1987 auf Platz 18 der Charts schaffte – trotz des Umstandes, dass sich die BBC weigerte, den Song zu spielen (die BBC weigerte sich übrigens öfter, Songs der Smiths und von Morrissey zu spielen, zumindest im Tagesprogramm).

Ein Hit, ein Klassiker ist *Stop Me If You Think You've Heard This One Before*, der Song, der wie ein Entschuldigungsmonolog eines Mannes klingt, der zu viel getrunken hat, very british, very Morrissey, der auf diesem Album aber auch wieder einmal beweist, wie beißender Zynismus in der Rockmusik funktioniert, so zum Beispiel, wenn er mit verzuckerter Schnute richtig Grant ablässt: Der Titel *Paint A Vulgar Picture* rechnet gnadenlos mit der Musikindustrie, die aus seiner Perspektive den Künstler und die Kunst wie eine Ware betrachtet und verwertet, ab (aber hey! Man darf an dieser Stelle nicht verschweigen, dass Morrissey und Marr ihren Bassisten Andy Rourke und den Schlagzeuger Mike Joyce jeweils nur mit lappigen zehn Prozent der Einnahmen der Band abgespeist haben, was auch zu jahrelangen Prozessen zwischen Joyce, Marr und Morrissey geführt hat – so gesehen ist der Song mindestens so heuchlerisch wie wahr).

Dass die SMITHS einstmals, nicht ganz ohne Augenzwinkern, auch als Entwurf einer prototypischen Beatgruppe gegründet wurden, kann man auf *Strangeways* immer wieder spüren. Am deutlichsten hörbar wird das bei *Death At Ones Elbow*, einem kleinen Speed-Beat-Stück, das große Freude bereitet und, oft unterbewertet, als weiteres Highlight der Platte gelten darf.

Obwohl Lieder verschiedenster Stimmung aufeinandertreffen, lässt sich dieses Album am Stück durchhören. Ich habe erlebt, dass es mal in einer Kneipe als Hintergrundbeschallung gelaufen ist. Dazu ist mir diese Musik ja fast zu schade, aber selbst das funktioniert, weil die SMITHS auf ihrer letzten Platte oft so herrlich poppig-leicht rüberkommen.

Ist das nun Rock, ist das Pop? Es ist, ich benutze jetzt mal diesen »Fluchtweg« – auf jeden Fall Indie. Mancher Tune rockt gut, mancher jingle-jangelt fröhlich vor sich hin – jeder aber ist auf Anhieb als Song der SMITHS identifizierbar: Morrisseys Stimme ist einfach ein unverkennbares Markenzeichen. In Deutschland genießen THE SMITHS zwar Kultstatus, so erfolgreich wie ihr später auf Solopfaden wandelnder Sänger Morrissey waren sie hierzulande aber nie.

Irgendwie waren THE SMITHS auch noch eine richtig gute alte Band mit klaren Statements. Morrissey und John Marr entstammen der Arbeiterklasse, Marrs Punk-Einflüsse schimmerten im Sound immer wieder hörbar durch, gerne kritisierte man Institutionen wie die BBC, Musikindustrie und Musikpresse, verspottete die Eliten und gab sich antiroyalistisch. Morrissey selbst ließ auch nie einen Zweifel an seiner zutiefst empfundenen wie leidenschaftlich gepflegten Verachtung gegenüber Margaret Thatcher, die er zu ihren

Lebzeiten gerne enthauptet gesehen hätte (zum Beispiel im Song *Margaret on the Guillotine* von seinem Solo-Debüt *Viva Hate*) und der er nach ihrem Tod »jeden Funken Menschlichkeit« absprach. Auch wenn sich Morrissey 2004 noch ganz klar von rechtsextremen Meinungen distanzierte, bleiben seine politischen Statements gegenwärtig aber mindestens ambivalent – seine Sympathiebekundungen für weit rechts stehende Gruppierungen wie die UK Independence Party oder die Polit-Spinner For Britain können, ja müssen anders interpretiert werden und sollten auch nicht allzu unbedarft-wohlwollend der altbekannten Neigung Morrisseys zur Provokation zugerechnet werden.

Aber an dieser Stelle muss auch an eine ganz einfache Wahrheit erinnert sein: THE SMITHS sind nicht allein Morrissey und Morrissey allein ist eben nicht THE SMITHS.

Selbst wenn das Album immer ein wenig im Schatten des Vorgängers *The Queen Is Dead* steht, welches rauer und politischer ist – mit *Strangeways, Here We Come* haben sich THE SMITHS von ihrem Publikum würdig verabschiedet. *I Started Something I Couldn't Finish*? Das mag jeder für sich selbst beurteilen.

Guns n' Roses – Appetite for Destruction (1987)

War 1987 dieses Hardrock-Ding nicht schon rum? Und wenn nein, vertrugen dann die eingefleischten Hardrocker noch eine neue, richtig große (ja quasi überlebensgroße) Superband? War der Markt nicht schon völlig gesättigt, hatte man sich nicht bereits allzu sehr an den zu zugespitzten Powerchords und den zu ausladenden Soli abgehört? Vertrug diese Zeit noch einen großen Rock-Nachschlag aus der richtig fetten Kelle?

Ja. Das hat funktioniert. Heute kommt es mir fast ein bisschen komisch vor, aber ja: Es gab ab Mitte der 80er einige Jahre, eine Zeit, die diesen Nachschlag vertrug – und zwar von einer Band, die zwar alle Bedürfnisse der Hairmetal-Fans, aber nicht deren Klischees bediente: GUNS N' ROSES. Um ehrlich zu sein: In der breiten Wahrnehmung sind GUNS N' ROSES einfach Axl Rose und Slash. Gerade Axl Rose verkörperte den Prototypen eines Bad Boys, führte sich auf, wie der Rotz am Ärmel, fing Schlägereien an, landete nicht selten in der Ausnüchterungszelle. Und somit personifizierte er perfekt jene Spielart des Glam Metal, die sich als Sleaze (also als »schäbiger Rock«) kurz etablieren sollte (am Rande: Ob man das nun Glamrock, Hairmetal, Sleaze, Glam Metal … nennen möchte, soll hier gar nicht im Detail geklärt werden, die Grenzen, wenn es denn welche geben sollte, verschwimmen, wie so oft). Vom allzu hedonistischen Hairspray-Zeug hatte man die Schnauze voll, nicht aber von richtig dickem Sound. Und auch das Ende der Powerballaden war noch nicht gekommen. Nur brauchte es Protagonisten, die diese gewandelten Bedürfnisse der Hörerschaft gut zu integrieren verstanden – GUNS N' ROSES kamen da gerade wie gerufen.

Ab etwa 1985 mischte die Band, die anfangs einige Besetzungswechsel erlebte, die Clubs von Los Angeles auf. Zwei Jahre später, man hatte sich personell und musikalisch gefangen, folgte dann beim Major Geffen das Debüt *Appetite for Destruction* – ein schon quasi sprechender Titel, denn die Texte des Albums drehen sich, wie sollte es beim Glam Metal anders sein, um Sex, Drugs and Rock'n'Roll.

Welcome To The Jungle ist ein Opener aus dem Bilderbuch. Rose besingt Los Angeles, rau, krächzend und eben als Großstadtdschungel (das gilt auch für *Paradise City*, welches sich aber erwartbar als weit weniger paradiesisch entpuppt, als der Titel vermuten lassen mag, egal, Hauptsache the girls are pretty). Beide Nummern sind nichts anderes als stadiontauglich, gehen sofort in die Beine und hauen richtig gut rein – sie sind bombastisch, ohne Bombast (na ja, ganz so bombastfrei sind die Gunners dann doch nicht, aber die Tunes sind halt nicht großmäulig, sondern richtig authentisch). *Nightrain* ist ein klassisches Sauflied, muss ja, bei so einer Platte.

Ja, und auch die eine, die große Ballade darf auf *Appetite for Destruction* nicht fehlen: *Sweet Child o' Mine*, der Song, der rein zufällig im Studio aus einem harmlosen Jam entstand und den Rose sofort seiner damaligen Geliebten Erin Everly widmete.

Und auch die anderen Songs des Albums, beispielshalber seien das unglaublich rockende *Mr. Brownstone*, *Think About You* oder *My Michelle* genannt, sind allesamt Killer, keine Filler.

Appetite for Destruction ist eine Platte, die zu vielen Anlässen funktioniert. Sie ist eine Partyscheibe, die man einfach so laufen lassen kann, sie wird im Laufe des Abends immer lauter gedreht werden und irgendwann erbarmt sich jemand und versetzt den CD-Player in den repeat-all-Modus. Zum Autofahren funktioniert das Album genauso gut wie beim bewussten Zuhören unter dem Kopfhörer auf der individuellen Zeitreise in die späten Achtziger oder frühen Neunziger. Ganz persönlich muss ich aber auch sagen: *Appetite for Destruction* ist ein Album, an dem ich mich damals sattgehört habe und das ich zwanzig Jahre lang liegen lassen musste, bevor ich erneut Appetit bekam, bevor ich es wiederentdecken konnte.

Zweifelsohne ist das Ding aber eine zeitlose Scheibe: Axl Roses Stimme, so rau sie auch sein mag, nimmt spielend die höchsten Oktaven, Slash ist nicht zu Unrecht einer der bedeutendsten Gitarristen der Gegenwart, ohne Izzy Stradlings Rhythmusgitarre wäre die ganze Produktion nur halb so imposant, Duff McKagans Basslinien machen schlicht neidisch und Steven Adler haut in die Schießbude, als gäbe es kein Morgen mehr. Schier unglaublich, wie abgestimmt das Zusammenspiel dieser »gefährlichsten Band der Welt« ist – die Gunners präsentieren sich schon auf ihrem Debüt auf dem Höhepunkt ihres Schaffens. Das soll ihnen erst mal jemand nachmachen.

Bemerkenswert sind auch die beiden sich im Umlauf befindlichen Versionen des Plattencovers. Das ursprüngliche Coverbild wurde bereits 1978 unter dem Werktitel *Appetite for Destruction* vom Comiczeichner und Maler Robert Williams geschaffen. Ein Roboter in braunem Trenchcoat, dessen Kopf gerade explodiert, hat eine Frau vergewaltigt, benommen sitzt sein Opfer noch vor ihm, über ihnen schwebt ein – well, lets say »außerirdisches Wesen«, bereit die Szene jeden Augenblick zu verschlingen. Das Bild ist zweifelsohne handwerklich gut gemacht und für ein Plattencover auch reichlich geschmacklos; es passierte, was passieren muss: Die großen Handelsketten in den USA weigerten sich, das Album ins Sortiment zu nehmen, und so ruderte man bei Geffen Records zurück und ersetzte es durch eine neue Version. Auf schwarzem Grund gruppieren sich um ein Kreuz die Gesichter der Bandmitglieder, zu Totenköpfen stilisiert. In Deutschland begegnen einem heute beide Cover, die Schallplattenausgabe zierten mehrheitlich Williams' Bild, das bei der CD-Veröffentlichung ins Booklet gewandert ist, und mit dem »Totenkopfkreuz« aufmacht.

Zurück zur Eingangsfrage: Ja, dieses Glam-Metal-Ding, Sleaze Rock, war Anfang der 1990er-Jahre durch. Die Hörer lechzten nach einem Gegenentwurf zur strikt an den bekannten Erfolgsschemata orientierten und durchkommerzialisierten Musik dieser schwammigen Genres und fanden ihn im Grunge. Es war NIRVANAS *Nevermind*-Album, dass die große Zeit der großen Rock-Helden beendete. Axl Rose wurde als heimlicher Schwarm von Teenagermädchen vermarktet, GUNS N' ROSES zierten die Posterseiten der Bravo und damit die Wände der Jugendzimmer. Aber die wenigen Jahre, in denen GUNS N' ROSES groß waren, waren feine Jahre.

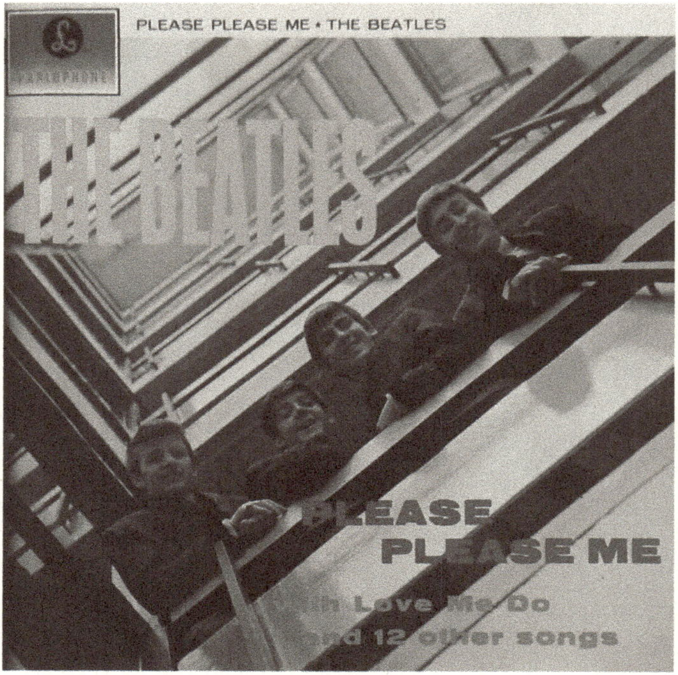

The Beatles – Please Please Me (1963)

Bitte, gefalle mir! Was da so brav und bieder aus dem Lautsprecher klingt, war vor knapp sechzig Jahren wild, ungestüm, ja vielleicht sogar revolutionär. Die »Beatlemania«, also die Fan-Hysterie brachte bei Auftritten der Band kreischende, teils hyperventilierende Teenager, meist Mädchen, an den Rand des körperlichen Zusammenbruchs, mitunter auch darüber hinaus.

In Liverpool und Hamburg haben sich die Beatles Anfang der 60er-Jahre als rührige Live-Combo bereits einen exzellenten Ruf erspielt. Man arbeitete bei den unterschiedlichen Tourneen äußerst hart, bestritt mehrere Auftritte an einem Abend und war es gewohnt, bei geringem Einkommen auf Komfort zu verzichten. So könnte man sagen, dass die Beatles der Jahre 1960 bis 1963 sehr gut aufeinander eingestimmt und dabei auch stressresistent und belastbar waren. Obwohl mit reichlich Bühnenerfahrung gesegnet, hatte die Band noch keinen Plattenvertrag. Bei einem Casting bei der DECCA schlug man sich wacker, allerdings verkannten die Talentscouts dort das Potenzial der Beatles und man entschied sich für eine andere Gruppe. Beim deutsch-britischen EMI-Sublabel Parlophone erkannte der später als »fünfter Beatle« bekannt gewordene Manager und Produzent George Martin das Talent der Liverpooler und nahm im Zuge eines Vorspielens gleich eine erste Single auf, mit der man in finanzieller Hinsicht recht gefahrlos den möglichen Erfolg hätte testen können. Die gefiel dem stilsicheren Martin jedoch nicht und so setzte man knappe drei Monate später im September 1962 eine Neuaufnahme von *Love Me Do* (mit der B-Seite *P.S. I Love You*) an. Im Oktober 1962 stieg *Love Me Do* auf Platz 17 der englischen Hitparade ein – mehr als nur ein Achtungserfolg einer bislang nur regional bekannten Newcomer-Band. Als zweite Single veröffentlichte man dann den Song *Please Please Me*.

Das Ding mit diesen Beatles könnte, so machten die Verkaufszahlen der ersten beiden Single-Schallplatten Hoffnung, tatsächlich funktionieren – also muss ein Album her. Und das – neben den Single-A- und B-Seiten sind noch weitere zehn Titel einzuspielen – wird in einer einzigen Session, am 11. Februar 1963 in den Abbey Road Studios aufgenommen.

Von 10 Uhr morgens bis dreiviertel elf in der Nacht werden die Songs aufgezeichnet. Die Musiker sind erkältet, fertig mit der Welt und dennoch beseelt vom eisernen Willen, das Ding straight aufs Band zu bannen. Das konnte natürlich nur klappen, weil die Beatles nicht nur ein reiches Repertoire und eine ordentliche Live-Routine mitbrachten, sondern auch sehr disziplinierte Arbeiter waren.

One, two, three, four – und das Debüt ist eingezählt: *I Saw Her Standing There* – eine handfeste Rock'n'Roll-Nummer mit allen Hitqualitäten, wirklich großartig! Der nun folgende Titel *Misery* ist ein Filler. Schnulzig, fußlahm und in bester, biederer US-amerikanischer Billboard-Roll-Tradition, den auch die recht pointierten Piano-Einwürfe George Martins nicht mehr retten können. Freilich, dieser Vorwurf mag nicht so recht verfangen, weil zum Zeitpunkt der Aufnahme noch nicht ausgemacht war, dass sich die BEATLES binnen kürzester Zeit zu Weltstars entwickeln werden, aber der Song klingt nach kalkulierter Kommerzialität und ist bedeckt vom schweren Staub, der den 50er-Jahre-Petticoats mittlerweile anhaftet. Auch das schwülstige *Anna (Go To Him)* passt irgendwie weder nach Liverpool, noch zu den BEATLES und wäre besser bei ihrem Komponisten Arthur Alexander geblieben, obschon Lennon gesanglich bei diesem Cover wirklich hohe Kunstfertigkeit beweist. *Chains* (ein Carole King-Cover) wiederum gewinnt durch das Duett und die Mundharmonika, der Beat treibt das Stück in angenehmem Tempo voran – eine kleine Perle! *Boys* wiederum ist solide Rock'n'Roll-Hausmannskost (und der einzige Song der Platte, bei dem Ringo Starr singt). *Ask Me Why* zählt zu den stärkeren Balladen, eine wirklich schöne und in der Harmoniefolge auch anspruchsvolle Komposition Lennons. Der Song, der dem Album den Titel verleiht, schließt die erste Seite der Platte ab: Eingängig und kantenlos dringt das Wortspiel *Please Please Me* ans Ohr.

Der eigentliche Hammer des Albums eröffnet nun die B-Seite: *Love Me Do*. Ein rasanter Zweiminüter, die Harp leitet das Stück ein, dominiert es aber nicht. Er geht sofort ins Ohr und in die Beine, ist mit seinen off beats ein perfekter Popsong – und bricht doch mit den Konventionen der bisherigen kommerziellen Unterhaltungsmusik: Hier hört man eben kein Orchester, keine schwülstigen Strings, kein langsames, auf den Refrain vorbereitendes Vorgeplänkel. Zu viert singen die BEATLES diese Nicht-Ballade ein – auch eine Neuerung, bedurfte es doch zur glaubwürdigen Interpretation einer Ballade bislang eines Solisten, der sein ganzes Herzblut in die Intonation derer selbst zu investieren hatte. Auf diese Weise konnten sich dann der Hörer und in jenen Tagen vor allem die Hörerin so ein bisschen in den Vortragenden verlieben und ihn still und heimlich anschmachten. Dieses Muster wird von den BEATLES radikal gebrochen. Kein stilles Anschmachten mehr, sondern ekstatisches Geschrei bis zum Kreislaufkollaps. Keine wohldosiert und professionell komponierte Ballade vom Musikprofi, nein, vier Jungs aus Liverpool stellen sich ins Studio und hauen einen raus. Mit *Love Me Do* war somit auch der dominierende Sound von Fats Domino, Little Richard oder Roy Orbison Geschichte, die Tür für die British Invasion öffneten die BEATLES mit einem Fußtritt. Goodbye Rockabilly, Goodbye Jive, Goodbye Jerry Lee Lewis, welcome to the Beat.

Und um das vorwegzunehmen: *Please Please Me* ist kein uneingeschränkt zu empfehlendes Album – *Please Please Me* hat überall dort seine – überragenden – Stärken, wo die Beatles selbst die Songs schreiben oder selbst Hand anlegen dürfen. *P.S I Love You* ist eine höchst authentische Ballade (und ein kleiner Hit), *Baby It's You* mit seinem enervierenden »sha la la« fliegt in die Schrottkiste. Ausgenommen werden darf davon gerne *A Taste Of Honey*, dessen BEATLES-Interpretation überraschend clean, ohne Speck und Schmalz daherkommt und vor allem *Twist And Shout*, jene Nummer, die die ISLEY BROTHERS zur Berühmtheit führen sollen und die von den Beatles mit dem zeitgemäßen Drive versehen, zum Standardrepertoire jeder Beatgruppe gehört. Und auch in die andere Richtung gibt es Ausnahmen: *Do You Want To Know A Secret* und *There's A Place* gehen in der fröhlichen Kombination von Covern und eigenen Stücken etwas unter.

Selbst für ein so hochkarätiges Studio wie das der EMI in der Abbey Road war 1963 die Stereofonie herausfordernd und auch wirtschaftlich unattraktiv, verfügte die jugendliche Zielgruppe doch bestenfalls über eher einfache Abspielgeräte. Wer sich heute bei frühen Beatles-Aufnahmen über die doch recht ungewöhnliche Kanaltrennung (auf einem Kanal sind nur die Vocals zu hören, der andere Kanal gibt die Band wieder) wundert, möchte sich vor Augen halten, dass selbst bei den Abbey Road Studios die Alben nur mit einem Zweispur-Tonbandgerät gefertigt wurden. Ja, es gab von den ersten BEATLES-Platten auch Stereoversionen, um diesen Markt zu bedienen, sie alle aber waren von für Monomixe erstelltem Material gezogen und klingen heute mindestens befremdlich. Bei *Please Please Me* wurden für die Mixe der Mono- und der Stereoversion zum Teil auch unterschiedliche Takes herangezogen. Wer heute die frühen BEATLES hört und die Wahl haben sollte, der greife daher immer zur Mono-Version. So klangen nämlich die Beatles in den frühen Sechzigern. Mit dem Remaster aus dem Jahr 2009 hat man sich redlich Mühe gegeben, der Platte einen zeitgenössischen Raumklang zu verleihen, durchaus auch mit einem bemerkenswertem Ergebnis, bringt es diese frühen Aufnahmen doch in einem vernünftigen Stereomix zu Gehör – aber das Original ist eben mono.

Please Please Me war das Debüt der Band in England, schaffte es aber erst einmal nicht nach Deutschland. Hier debütierten die BEATLES mit ihrer zweiten Platte *With The Beatles*. Das eigentliche Debüt wird hierzulande unter dem Label der Hörfunk- und Fernsehzeitschrift Hörzu erst 1964 in die Läden kommen. Es ist schlicht mit *Die Beatles* betitelt und trägt den werbenden Untertitel »Die zentrale Tanzschaffe der weltberühmten Vier aus Liverpool«. Tanzschaffe?! Noch nicht blöd, noch nicht steif genug? Keine Sorge, die Jungs vom Hörzu-Marketing haben im Begleittext der Platte noch weitere Albernheiten zu bieten und konstatieren, dass die »jungen Löwen mit den qualmenden Gitarren […] ihre Songs wie ein Feuerwerk abknattern.« Es wird hierzulande noch einige Jahre dauern, bis die Platte mit dem bekannten Cover, dass das bekannte Foto der BEATLES, aufgenommen im Treppenhaus des EMI-Gebäudes in London, zeigt, in den Plattenläden zu finden ist.

Kevin Coyne – Bursting Bubbles (1980)

Art-Rock vom Feinsten, viel Blues, viel Anklage, nur wenig Resignation. Die Melodien eingängig und ohne die erwartbaren Kanten – nur Coynes Gesang vermag zu verstören, zu erschüttern. Dabei ist Coynes sonst so von Moden unabhängiger Sound dezent, aber doch hörbar in den 80ern angekommen.

Zerplatzende Blasen gab es in den Jahren 1980 und 1981 viele im Leben des Kevin Coyne, diesem Singer, Songwriter, Blueser und irgendwie auch Rockmusiker, der einen Song nach dem anderen fabrizierte – der schier unerschöpflich vor Kreativität sprühte, bei dem Einfühlungsvermögen und tiefer Grant so eng beieinanderlagen.

Die Erfahrungen, die Coyne, der eine Zeit lang als Kunsttherapeut und Krankenpfleger im Mitte der 1960er-Jahre kurz vor einem Misshandlungsskandal stehenden Whittingham Mental Hospital, der seinerzeit größten psychiatrischen Anstalt Englands, tätig war, mit dem Umgang mit psychisch erkrankten und behinderten Menschen gemacht hat, wie auch sein Einsatz als Sozialarbeiter in der Drogenberatung in London, haben sein Werk nachhaltig geprägt. Jeder von Coynes Songs atmet eine unbestechliche Glaubwürdigkeit – und ist geprägt von seinem Engagement und seiner innigen Verbundenheit mit den von der Gesellschaft »Weggeworfenen«.

»Are you lost in the wilderness? / Are you crying on your own? / Are you stabbing into the sunlight? / When all the heat has gone. / You're not the only one to be alone.« Irgendwo hat das sogar etwas Tröstliches.

Coyne arbeitet wie ein Besessener: In den 1970er-Jahren hat er neun Alben bei Virgin veröffentlicht, neben *Sanity Stomp* erscheint 1980 sogar ein zweites Album, *Bursting Bubbles*. Es ist die Zeit, in der er einen schweren Nervenzusammenbruch erleidet. Seine Ehe ist am Ende, er raucht und trinkt zu viel.

Und dennoch: Coyne spendet in all der Zeit des Zweifelns und Klagens auch Zuspruch: » I can see your heavy load, / it's burning up the night. / You're just the human race.«

Wer das Schwimmen lernt, der muss auch lernen, zu ertrinken. *Learn to Swim – Learn to Drown* ist ein in seiner Eindrücklichkeit schon fast unheimliches Stück – eines, das sofort Besitz vom Hörer ergreift.

Vor dem Ertrinken retten soll ihn 1985 ein Trip nach Deutschland. Nur mit zwei T-Shirts im Gepäck fährt er zu einem Freund nach München, strandet wenig später in einer WG in Nürnberg, verliebt sich in die Schwester eines Mitbewohners, Helmi – und bleibt. Er spielt nicht nur Gitarre und singt, mittlerweile bringt er es auch als Autor und besonders als Maler zu einem bemerkenswert vielfältigen Werk. Früh hat er seinen direkten, intensiv-skizzenhaften Stil gefunden und perfektioniert diesen nun in der fränkischen Abgeschiedenheit.

Abgeschiedenheit? Franken, Nürnberg im Speziellen, ist bis heute nicht das Pflaster, von dem aus sich große Karrieren starten oder fortführen lassen. Das war vor fünfunddreißig Jahren nicht anders. Die Beschaulichkeit Frankens wird sich aber für den Workaholic Coyne als heilsam erweisen: Er hört auf zu trinken und findet rasch zu alter Kreativität zurück.

In den Sechzigern und Siebzigern bereicherten später sehr bekannte und hochkarätige Musiker Coynes Band: Zoot Money hatte nicht nur eine eigene, in England durchaus erfolgreiche Funkband, sondern spielte auch die Orgel bei Eric Burdons ANIMALS. Und Andy Summers stieg später als Gitarrist bei THE POLICE ein. Zweifelsohne gewann Coyne künstlerischen Einfluss – unter die bekennenden Fans des »Dylans Großbritanniens« zählen sich Sting oder Johnny Rotten; dass Coyne so lange bei Virgin unter Vertrag blieb, obwohl seine Platten mitunter wie Blei in den Regalen lagen, mag wohl auch daran gelegen haben, dass Virgin-Gründer und Selfmademilliardär Richard Branson seine Musik liebte.

Vierzig Alben hat Coyne vorgelegt, in dieser Zählung nicht mitinbegriffen ist seine erste Platte mit der Band Siren, die Compilations und das Material von Radiokonzerten und anderen Mitschnitten. Die meisten Cover dieser Alben, auch das von *Bursting Bubbles*, gestaltete er selbst. Schon fast manisch, wie ein unregelmäßiges Tapetenmuster, schrieb er die Worte »bursting« und »bubbles« nebeneinander, ließ nur Raum für den Albumtitel und Interpreten und eine in schwarze Balken gerahmte Skizze eines Frauenporträts. Coyne, schwer lungenkrank, starb 2004 im 60. Lebensjahr in seiner Wahlheimat Nürnberg.

Und zum Schluss kommt natürlich auch diese Betrachtung nicht ohne die zweifelsfrei spannende, wenn auch wenig über Coyne aussagende Frage aus: Stimmt es, dass ein Plattenboss nach dem Tode Jim Morrisons Kevin Coyne anbot, als Sänger bei den Doors einzusteigen? Nicht nur Coyne bejahte dies immer. Auch John Peel bestätigt in einer 2001 gedrehten Dokumentation des niederländischen Fernsehens diese Geschichte. Und warum hatte Coyne dieses kaum ablehnbare Angebot ausgeschlagen? Er fand die engen Lederhosen der Doors albern und wollte so was nicht tragen müssen. So zumindest die Anekdote.

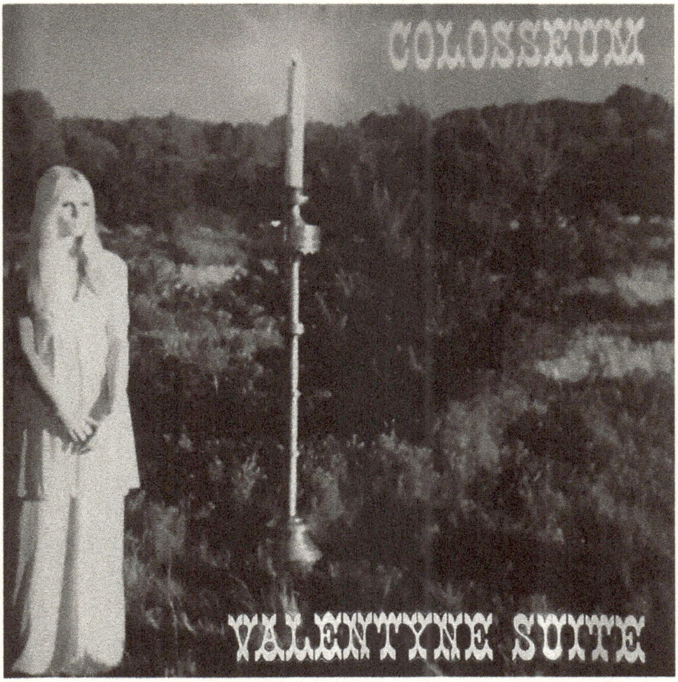

Colosseum – Valentyne Suite (1969)

Wirklich an die Weltspitze schafften sie es nie und dennoch waren ihre Alben recht erfolgreich – die britische Jazz- und Artrockband COLOSSEUM ist heute ein wenig in Vergessenheit geraten, doch die Liste der Bandmitglieder, die in unterschiedlichen Besetzungen spielten, liest sich quasi wie das Who's Who der britischen Rockmusik – und somit ist auch von vornherein klar: Wenn irgendwo COLOSSEUM draufsteht, dann ist Qualität drin.

Die Lebenswege des 1944 geborenen Schlagzeugers Jon Hiseman und des etwa zehn Jahre älteren Saxofonisten Dick Heckstall-Smith kreuzten sich des Öfteren. Man spielte Seite an Seite bei der GRAHAM BOND ORGANIZATION, dann – übrigens wurden die Musiker unabhängig voneinander angeworben – bei JOHN MAYALL & THE BLUESBREAKERS. Hiseman und Heckstall-Smith erhielten durch die beiden in den 60er-Jahren sehr erfolgreichen Bands nicht nur den nötigen Schliff, der sie als Profimusiker auszeichnen sollte, sondern auch die Möglichkeit, wichtige Kontakte im Musikbusiness zu knüpfen. Als Hiseman bei den BLUESBREAKERS ausstieg, um seine eigene Band, JON HISEMAN'S COLOSSEUM zu gründen, zog auch bald Heckstall-Smith mit. Beide waren klassisch ausgebildete Musiker und wussten, was sie wollten: Rock, Blues und Jazz miteinander verbinden und dabei experimentierfreudig gegen den Mainstream schwimmen. Der Bandname, der bald nur noch COLOSSEUM lauten sollte, kam Hiseman auf einem Rom-Urlaub in den Sinn. Er blickte an einem heißen Sommertag auf einer Wanderung auf das römische Kolosseum und war in diesem Moment beseelt vom Gedanken, eine eigene Band aufzumachen.

Hiseman, der Keyboarder Dave Greenslade und der Bassist Tony Reeves kannten sich bereits aus ihrer Schulzeit – die erste Besetzung der Band, die in den nächsten Jahren immer mal wieder wechseln sollte, stand.

Schnell ging es ans Proben, schnell entstanden die ersten Songideen und schnell war das Format des »Songs« nicht mehr ausreichend – COLOSSEUM begannen, ausgefeilte Suiten zu komponieren, von denen die *Valentyne Suite* die Bekannteste werden sollte. Die Zeit war reif für Musik, die auf der einen Seite experimentell und überraschend war und auf der anderen Seite mit nachvollziehbaren Konzepten aufwartete – zudem gab es in den ausgehenden 1960er- und beginnenden 1970er-Jahren in Europa breitere Publikumsschichten, die sich auf entsprechend unkonventionelle Konzerte einlassen konnten und wollten. Ja, die Zeit war reif für eine Band wie COLOSSEUM, zu der inzwischen auch der Gitarrist und Sänger James Litherland gestoßen war.

Hiseman unterhielt gute Kontakte zum britischen Philips-Management, schnell war das Debütalbum *Those Who Are About to Die Salute You – Morituri Te Salutant* eingespielt und auf dem Sublabel Fontana 1969 veröffentlicht.

Noch im gleichen Jahr schob die Band ihr zweites Album nach: *Valentyne Suite*. Auch für dieses Album war die Zeit reif.

Bereits das erste, den Titelsong prägende Riff vom Opener *The Kettle* ist unverwechselbar (und den Nachgeborenen möglicherweise in einem komplett anderen Zusammenhang deutlich im Ohr, ist es doch das tragende Sample von Norman Cooks aka FATBOY SLIMS dreißig Jahre später veröffentlichen Tunes *Ya Mama*). Die Platte beginnt also mit einem grundsoliden Rocksong, Litherlands Stimme verleiht diesem Lied eine weitere, unverwechselbare Note. *The Kettle* ist für mich im Übrigen der schlagende Beweis, dass COLOSSEUM nicht nur eine supertechnische Band war, sondern auch richtige Rock'n'Roller. Der Titel *Elegy* »gehört« ganz Heckstall-Smith, der hier sowohl in erster Stimme wie auch im Hintergrund zeigen kann, was in ihm und seinem Saxofon steckt.

Butty's Blues zeigt deutlich, was an der Grenze von Jazz, Blues und Rock möglich ist: Mal fein groovend und im nächsten Augenblick fulminant mitreißend ist der von Litherland gesungene und komponierte Titel. Richtig funky dann das Gemeinschaftswerk *The Machine Demands a Sacrifice*.

Nun beginnt die sich aus drei musikalischen Themen speisende, siebzehnminütige *Valentyne Suite* (mit ihren Teilen *January's Search*, *February's Valentyne* und *The Grass is Always Greener*) – am Anfang noch solider Jazzrock mit einer eingängigen Melodie, die die Klammer bildet. Der Mittelteil, *February's Valentyne* wird von einem fulminanten Saxofon-Solo dominiert, das Tempo wird immer schneller, die Instrumente verästeln sich filigran, verlieren einander aber nie aus den Augen – Orgel, Bass und Schlagzeug bilden bald eine Einheit, die in seltener Opulenz ans Ohr dringt und den Hörer in den Strudel der Suite hineinreißt. Ein in Teilen filigranes, höchst virtuoses und energetisches Meisterwerk, das seinesgleichen sucht.

Valentyne Suite ist die erste Veröffentlichung auf dem seinerzeit von Philips gegründeten Sublabel Vertigo – und ein veritabler Vertreter der sogenannten »Swirl«-Phase, also jener bis etwa 1973 andauernden Zeitspanne, in der Vertigo sich ausschließlich dem Progressive Rock zuwendete. *Valentyne Suite* selbst ist ein früher und ehrbarer Vertreter des Prog mit deutlichen Anleihen aus Blues und Jazz – und damit als Erstveröffentlichung für ein Proglabel eine vortreffliche Wahl.

Ein kleiner Exkurs sei an dieser Stelle gestattet: Die »Swirl«-Phase heißt deshalb so, weil bis etwa 1973 jede Vertigo-Platte auf der A-Seite das Logo der Plattenfirma mit den sich umklammernden Kreisen vollflächig aufgedruckt war und die Informationen zu Album, und Interpret sich auf der B-Seite fanden. So eine Platte aufzulegen und dem auf dem Teller kreisenden Logo zuzusehen ist nicht allein akustisch, sondern auch optisch ein gewisses psychedelisch-schwindliges Erlebnis. Diese frühen Veröffentlichungen Vertigos sind heute in Sammlerkreisen gesucht – erstens, weil die gepressten Stückzahlen mangels kommerziellen Erfolgs in den Erscheinungsjahren übersichtlich blieben, weiterhin aber auch, weil die Qualität der Veröffentlichungen künstlerisch wie technisch als überdurchschnittlich hoch einzustufen ist.

Die Platte, die auf dem Cover abgebildete, ganz in weiß gekleidete Dame soll wohl Valentyne sein, empfahl COLOSSEUM auch als Live-Band, es folgten zahlreiche Tourneen, besonders durch Europa, aber auch in die USA. 1971 lösen sich COLOSSEUM auf – die Charaktere der Musiker sind zu unterschiedlich. Hiseman startet 1975 einen weiteren Versuch mit COLOSSEUM II, mit an Bord ist Gary Moore und Don Airey. Der Formation ist kein kommerzieller Erfolg beschieden, Moore kehrt zu THIN LIZZY zurück, Airey wechselt erst zu RAINBOW und ersetzt später bei DEEP PURPLE den bereits gesundheitlich angeschlagenen Jon Lord. 1994 wagt Hiseman eine Reunion in der Urbesetzung, in den 1990ern und frühen 2000ern tourt man auch wieder – gerade auf dem europäischen Festland und besonders in Deutschland hat COLOSSEUM bis heute viele treue Fans.

Nach dem Tod von Dick Heckstall-Smith und besonders Jon Hisemans 2018 ist es ruhig um COLOSSEUM geworden. Für das Jahr 2020 waren einige Konzerte angesetzt – die Corona-Pandemie machte diesem Vorhaben aber einen dicken Strich durch die Rechnung.

Air – Moon Safari (1998)

Manche Ereignisse graben sich in das Gedächtnis ein – wohl jeder weiß noch, wo er war, als die Berliner Mauer fiel oder die Flugzeuge in die Twin Tower in New York rasten. Und ausnahmslos jeder, mit dem ich gesprochen habe, erinnert sich an die Situation, in der er oder sie zum ersten Mal das Album *Moon Safari* der französischen Band Air gehört hat.

Warum aber ist das so?

Ich möchte sagen: Die Musik umfängt einen sofort, ihre entschleunigende und beruhigende Wirkung setzt unmittelbar ein und ergreift vom Hörer vollständig Besitz – instantly. Dieser vollkommene Moment, wenn nach dem Soundscape sanft rauschenden Wassers der erste Akkord von *La Femme d'argent* erklingt, und der volle, weich gezupfte Bass augenblicklich Teil des eigenen Selbst wird, hat etwas geradezu Magisches. Sanft leitet dieses wundervolle Stück Musik die Platte ein, die Melodie entwickelt sich aufs Angenehmste raumgreifend und weckt nicht nur Hoffnung, sondern auch einen tiefen Durst nach mehr. Wer die Messlatte so hoch legt wie die beiden Versailler Musiker Jean-Benoît Dunckel und Nicolas Godin, dem droht unweigerlich der tiefe Fall. Doch mitnichten: Der musikalische Höhenflug zu den Sternen, zum Mond geht weiter: *Sexy Boy* ist so weich, so glatt und gleichzeitig so spannungsgeladen, dass die knisternde Erotik dieses Songs nicht nur zum Greifen nah in der Luft liegt, sondern einen regelrecht umschließt.

Das feine Timbre der Stimme Beth Hirschs, *Moon Safari* sollte die Karriere der bis dahin gemeinhin unbekannten Sängerin und Songwriterin maßgeblich anschieben, verleiht *All I Need* Schwerelosigkeit und Tiefe zugleich. Mit dezent angezogenem Tempo weist einem *Kelly Watch the Stars* wieder die Richtung der Reise: zum Mond, ins All, in die Unendlichkeit und doch auch in die (eigene) Vergangenheit.

Kein Stress, kein Drama hat Platz auf diesem watteweichen und so unsagbar präsenten musikalischen Trip. Auch die nun folgenden Songs *Talisman*, *Remember*, *You Make It Easy*, *Ce matin-là* und *New Star In The Sky* tragen den Hörer sanft durch das Album, das von der hypnotischen *Le Voyage de Pénélope* beendet wird. Kein einziger Filler, sondern eine Traumreise von ungekannter Leichtigkeit in erstaunlicher Kontinuität.

Mit *Moon Safari*, das Cover zeigt die beiden Musiker im Stile von 70er-Jahre-Comichelden gezeichnet, haben Air zudem eine Retrowelle losgetreten, die, sieht man genau hin, bis heute anhält. Nicht nur das retrofuturistische Coverdesign, sondern auch der Einsatz analoger Synthesizer (bevorzugt jener von Moog), dem Wurlitzer-Piano, von Vocodern und anderen Instrumenten und Verstärkern aus den frühen 1970er-Jahren lassen Design, Image und Sound Hand in Hand gehen. Godin und Dunckel gelang so die Entwicklung eines international verstandenen musikalischen Zeichensatzes, der die Zuhörerschaft bewusst zu einer Reise in die Jahre der eigenen Kindheit einlädt. Und: Das Album *Moon Safari* geht immer – es vermag vielfältige Stimmungslagen aufzugreifen und zu heben und man hört sich nur schwerlich daran ab (und freut sich immer wieder, wenn man es nach einiger Zeit wieder auflegt).

Moon Safari ist nicht nur Airs Debütalbum, es wird bis heute ihr größter Wurf bleiben. *Talkie Walkie* aus dem Jahr 2004 hat ähnlich genialische Anklänge, doch keine weitere Platte von Air konnte diese Tiefe, diese perfekte Harmonie und diese umfassende Integriertheit von *Moon Safari* wiederholen – und muss das auch nicht.

Die Musik, die uns Air mit *Moon Safari* schenkt, würde man gemeinhin als Electronica bezeichnen, vielleicht als Synthie-Pop. Rock ist das erst mal nicht. Die Versailler können rocken wie die Sau – aber dieses Album ist eben beim besten Willen kein Rock und so ist hier freilich die

Frage gestattet, was denn *Moon Safari* dann in einer Auflistung wie dieser zu suchen hat? Zuerst einmal ist es ein Jahrhundertalbum. Ja, ich möchte sagen: Das 20. Jahrhundert wurde zwei Jahre vor der Wende zum neuen Jahrtausend mit dieser Platte beschlossen, die alles in sich aufsaugt und vereint, was die 1900er hergaben: Easy Listening und Pop, französisches Chanson und ein bisschen Jazz (z. B. in den Rhodes von *La femme d'Argent*), Arrangements der zeitgenössischen ernsten Musik blitzen ebenso durch wie dann letztlich doch auch Rock. Zum zehnten Jubiläum der Scheibe kam eine Doppel-CD mit unveröffentlichtem Material heraus und in einer frühen BBC-Session rocken Godin und Dunckel *Kelly Watch the Stars* herunter, dass die Fetzen fliegen. *Sexy Boy* macht sich – FRANZ FERDINAND beweisen es – auch als Indie-Nummer hervorragend. Irgendwie würde wahrscheinlich jeder Song der Platte als Rocktune funktionieren, wollte man ihn nur ordentlich pitchen und ein fettes Drumset drüberkleben – aber das will niemand. *Moon Safari* ist ein Album, dass sich – und das überrascht mich nicht – nicht nur in den Sammlungen von Electro- oder Pop-Liebhabern wiederfindet, sondern auch von Metalheads, Bluesern oder Jazzern – eines, dass den alten Traum von einer Platte, die sich wie von selbst unterschiedlichsten Hörerschaften vollständig erschließt, wahr werden lässt.

Ja, ich muss es wiederholen: *Moon Safari* ist zweifelsfrei ein Jahrhundertalbum und deshalb hier schon ganz recht am Platze.

Sergius Golowin – Lord Krishna von Goloka (1973)

Die Hippies, immer fröhlich unterwegs, durchaus politisch motiviert, aber mindestens genauso gerne auf der Suche nach Bewusstseinserweiterung und innerem Frieden, jene Jugend- und Gegenbewegung, die ihren Ursprung in den pazifistischen Protesten gegen den Vietnamkrieg in Nordamerika hatte, sollte gerade mit dem Vehikel der Popkultur vielfältige Inspirationen in die ganze Welt senden. Eine Zeit des Aufbruchs, eine Zeit, in der auch – befördert durch Berichte von den hippie trails – eine intensivere Auseinandersetzung mit fernöstlichen Religionen und New-Age-Esoterik stattfand.

Das politische Geschehen in den USA in der zweiten Hälfte der 1960er-Jahre war über die Popkultur selbstverständlich auch in Deutschland, Österreich und der Schweiz rückgekoppelt, kein Wunder also, dass auch hiesige Künstler in ihren Werken Bezug zur Hippiebewegung nahmen. Das gilt auch und gerade für den Krautrock.

Der etablierte schnell eine ganz eigene, eine unverkennbare, weniger hippieske Ästhetik – aber es gibt auch Ausnahmen. *Lord Krishna von Goloka* ist so eine Ausnahme.

Sergius Golowin, 1930 in Prag geboren, lebte seit frühester Kindheit in der Schweiz. Der Sohn des russischen Bildhauers Aleksandr Golowin und der Dichterin Alla von Steiger (der Schwester Anatolij Steigers) trat in die Fußstapfen seiner Ahnen. Nach beruflichen Stationen als Bibliothekar und Archivar wurde er nicht nur Schweizer Landesabgeordneter für die liberaldemokratische Partei (LdU), sondern auch Schriftsteller. Politisch setzte er sich besonders für die Landfahrer und die Interessen Jugendlicher ein. Golowin, der 2006 starb, war ein sogenannter »Fichierter«, also einer, den der Schweizer Staatsschutz in seiner Schnüffelkartei als »prominentesten Nonkonformisten von Bern« bezeichnete. Überdies war Golowin mit vielen zeitgeschichtlichen Personen bekannt und vernetzt, mit dem Schriftsteller Friedrich Dürrenmatt genauso wie mit dem Hells Angel Tino Schippert.

Als Musiker hat sich Sergius Golowin keinen Namen gemacht, nichtsdestotrotz kam es zu einer recht interessanten Zusammenarbeit mit einigen Größen des Krautrock: Die Rezitationen Golowins (er singt nämlich nicht) wurden musikalisch improvisierend von Klaus Schulze, dem Liedermacherduo Bernd Witthüser und Walter Westrupp, Ger »Jerry« Berkers und Jürgen Dollase von WALLENSTEIN und einem mir nicht weiter geläufigen Jörg Mierke untermalt. Dabei heraus kamen teils sphärische Klänge, Improvisieren um einfache wie eingängige Akkordfolgen, umrahmt von Bongos und Tablas, dezenten elektronischen Experimenten – ein »soundscape« der ganz besonderen Art, das man so wohl erst einmal nicht in den Schweizer Alpen verorten würde (und auch nicht muss). Und so enthält diese LP insgesamt auch nur drei lange Titel, *Der Reigen*, *Die weiße Alm* und *Die Hoch-Zeit*. Ohne getragen zu wirken, vermittelt der Sound eine tiefe Ruhe – und mag mit Sicherheit auch als Soundtrack für manch esoterisch angehauchte Sitzung geeignet sein. Die Geister scheiden sich, ob die Platte nun gerade trotz oder wegen Golowins Vortrag funktioniert.

Denn die dargebotenen Texte mögen zur damaligen Zeit, gerade unter dem Einfluss entsprechender Drogen, durchaus einen Nerv beim geneigten Publikum getroffen haben, heute würde Golowins Reflexion über Schweizer Naturlandschaften im Stile der Lyrics der Improvisation *Die weiße Alm* – »Goloka, Kuhland / weiße Alm, weiß wie Edelweißblumen / und Stechapfelblüten Kreuzpunkt des Lichtglanzes / aller Milchstraßen. / Wo nur schallt die Flöte des göttlichen Kühers, / des guten Hirten. / Goloka! / Goloka! / Das war. / Das ist. / Das sein wird. / Goloka. / Land. / Da liegt Zeit still, sämtliche Ewigkeiten. / Kränze sind um Krishnas Haar, / nur von Dir träumen, träumen, träumen / sämtliche Wesen und Welten« – wohl bei vielen nur ein milde wissendes Lächeln hervorrufen und man kann sich kaum des Eindrucks erwehren, dass der Autor dieser Zeilen sich selbst ein wenig zu viel des Stechapfelgifts in die Figur gezwirbelt hat. Dabei ist zumindest die Assoziation zum Goloka, der »Kuhwelt«, also jener mystischen Weide, der nicht nur die im Hinduismus so verehrte Surabhi, die Mutter aller Kühe, beherbergt, sondern auch Krishna, nicht ganz von der Hand zu weisen, wenn man sich die Schweizer Alpenpanoramen betrachtet. Golowin war nicht nur Schriftsteller und Publizist, sondern auch Mythenforscher.

Die Platte erschien beim Label Kosmische Kuriere, das nahtlos anschloss, als das bekannte Ohr-Label, bei dem viele künstlerisch äußerst gelungene Platten entstanden und bei dem zahlreiche spätere Krautrock-Kultbands debütierten, 1973 seine Arbeit einstellte. Rolf-Ulrich Kaiser, der das Label Ohr gründete und auch für die Kuriere-Platten verantwortlich war, produzierte das Album zusammen mit seiner Partnerin Gerlinde »Gille« Lettmann. Kaiser und Golowin waren Weggefährten des im Exil in der Schweiz lebenden Timothy Leary, der vor einer Gefängnisstrafe wegen Marihuanabesitzes aus den USA geflohen war und in der Schweiz zeitweise Unterschlupf fand. Der Psychologe und Publizist Leary galt in Nordamerika als »Guru« der Hippiebewegung und Fürsprecher für einen freien Gebrauch psychedelischer Drogen als persona non grata, die gegen ihn angestrengten Prozesse dürfen allesamt als politisch motiviert betrachtet werden. Gerade Golowin unterstützte den in die Schweiz geflohenen Leary, der sich nie der Popkultur verschloss. Es ist davon auszugehen, dass auch Learys Aussagen zu Programmierung, Set und Setting in dem vom Berner Dialekt gefärbten Vortrag von Golowin eingeflossen ist. »Du bist das Gift für den, der im Gift

Erlösung sucht, und Du bist der Heiltrank für den, der im Heiltrank Erlösung sucht.«

Produziert wurde diese interessante Platte in Stommeln von Dieter Dierks (ha! Schon wieder ein prominenter Mitwirkender!). Golowin widmete Dierks die Platte kurzerhand, weil dieser ihm die Erkenntnis ermöglichte, dass ein Mischpult ein ganz besonderes Musikinstrument sei.

Heute wirkt *Lord Krishna von Goloka*, das Cover zeigt Golowin auf einer Wiese in den Schweizer Alpen sitzend, an manchen Stellen etwas ungelenk und unfreiwillig komisch – das aber täuscht nicht über die musikalischen Qualitäten der Scheibe hinweg. Als einmaliges Experiment und zeitgeschichtliches Dokument hat das Album freilich auch Bedeutung, wichtiger aber erscheint mir tatsächlich, dass man sich in diese Musik versenken kann. Manchmal wünschte ich mir eine reine Instrumentalfassung des Albums, doch es ist fraglich, ob die Improvisationen ohne Golowins Rezitation überhaupt gelungen wären.

Jade Bird – Jade Bird (2019)

Seit dem Aufkommen günstiger Satellitenantennen zähle ich mich unter die treuen wie begeisterten Hörer von BBC Radio 1 in Kontinentaleuropa. Das Jugendprogramm des britischen öffentlich-rechtlichen Hörfunks präsentierte bereits in den 1990er-Jahren der geneigten Hörerschaft in Deutschland genau jene Songs, die sie ein bis zwei Jahre später in den Charts vorfinden sollten. Gut, dieser »Zeitvorteil« ist heute durch Streaming und Internet nicht mehr tragend, geblieben ist aber, dass Radio 1 sich mit höchster stilistischer Souveränität der heimischen Musikszene widmet und unentdeckten Talenten – nicht nur aus UK – eine Plattform bietet, auf der sich eine Karriere begründen lässt.

Mitte 2018 war das Programm von den lockeren, poppig bis rockig getunten Songs einer jungen Singer/Songwriterin dominiert, die es, sehr zu meinem Erstaunen, außerhalb Großbritanniens nicht zu größerer Bekanntheit gebracht hat, dabei reichen einige ihrer Wurzeln auch nach Deutschland. Jade Bird, geboren 1997 in Hexham (dreißig Kilometer westlich von Newcastle gelegen), zog früh mit ihren Eltern nach London, als Tochter Bediensteter der britischen Armee verschlug es sie außerdem nach Wales, Chesterfield und Mönchengladbach. Später sollte sie in einem Interview sagen, dass das viele Reisen ihre Musik ebenso prägte wie die Trennung ihrer Eltern.

Nach der erfolgreichen Single *Lottery* und der Topsingle *Uh-Huh* erschien im April 2019 die lange erwartete Debüt-LP *Jade Bird.* Sie wird die treue Fangemeinde, die sich die Sängerin binnen kurzer Zeit erarbeitet hat, nicht enttäuschen.

Birds Songs sind auf eine charmante Art jugendlich naiv, frisch und unverstellt. Ihre Stimme wechselt spielend leicht zwischen zarter Sanftmut und rauer Kraft. Die Platte ist im weitesten Sinne smooth, Bird gelingt es, jeglichen Kitsch, alles Tranige, jeden Zierrat wegzulassen und sich auf Song, Melodie und Stimme zu konzentrieren. Wie gewaltig, wie mitreißend Bird singt, zeigt sie uns mit Titeln wie *I Get No Joy* und *Uh-Huh*. Beide Lieder sind auch meine persönlichen Anspieltipps für dieses Album, repräsentieren sie nicht allein Birds Songwriting, sondern auch sowohl ihren feinen als auch kraftvollen und pointierten Vortrag ganz hervorragend.

Mit *Side Effects* beweist Bird, dass sie glaubwürdig rocken kann. Insgesamt bietet die Platte eine gelungene Mischung zwischen schnellen und mitreißenden Stücken, ruhigen Nummern und Balladen, denn Bird kann beides. Und sie weiß auch die Mitte zwischen feiner Zurückhaltung und fulminanter Pose behutsam auszutarieren, davon zeugt zum Beispiel *My Motto*. Ohne in die Retrofalle zu tappen, bringt Bird ein wenig musikalisches 60s-Appeal in die Jetztzeit und balanciert dabei gleichermaßen sicher und elegant zwischen den Genres Country, Rock, Folk und Pop.

Unbegreiflich, warum es Bird mit ihren Songs zwar in Großbritannien und auch den USA zu beachtlichen Chartplatzierungen brachte, ihre Titel millionenfach gestreamt werden, sie hierzulande aber nur in den kleineren Clubs und auf den regionalen Festivals auftritt. 2018 und 2019 verzeichnet sie mit ihren Songs in der BBC und bei Virgin Radio ein nahezu durchgängiges Airplay, *Uh-Huh* war über Monate fester Bestandteil der Hot Rotation, in Deutschland durfte sie einmal einen Song in der NDR-Talkshow *Inas Nacht* spielen. Das alles ändert nichts daran, dass Jade Birds Debüt *Jade Bird*, das Gatefold zeigt ein weichgezeichnetes Porträt der Künstlerin, eine Platte ist, die mit jedem Hören besser wird, die sich für stille Stunden wie auch Partys empfiehlt und die, obwohl sie eine mitunter deutlich durchschimmernde kommerzielle DNA aufweist, durch ihre musikalische Qualität überzeugt.

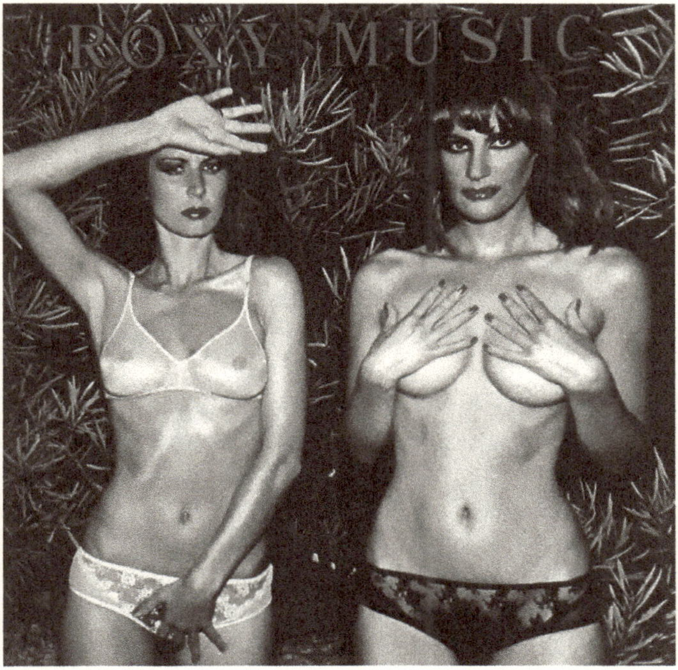

Roxy Music – Country Life (1974)

The Thrill Of It All hätte durchaus das Zeug zu einer gestandenen Nineties-Indienummer. Ein Album so stilsicher, so rockig, so superlativ eröffnen kann nur einer: Bryan Ferry, Kopf und Sänger von Roxy Music. Er tut das im Jahr 1974. Drei wegweisende Alben, besonders zu nennen *For Your Pleasure* und *Stranded* sind bereits erschienen, der mindestens ebenso begnadete Brian Eno hat die Band wieder verlassen – zwei geniale Querköpfe in einer Band, das ging selten gut – die Messlatte hängt sehr hoch. Jetzt heißt es: Den eigenen Stil wahren, sich dennoch weiterentwickeln und nur ja nicht langweilig werden.

Das Manöver gelingt. *Country Life* reiht sich hinsichtlich seiner Originalität und seines Ideenreichtums nahtlos in die Serie der zukunftsweisenden Roxy-Music-Alben ein.

Dass Brian Eno nicht mehr mit von der Partie ist, hört man. *Country Life* klingt überraschend unelektronisch. Mancher mag das als Manko wahrnehmen und dennoch wird die musikalische Lücke durch klassisch rockige, aber auch unerwartet interessant instrumentierte Stücke besetzt. Das schon fast mittelalterlich-menuettartige *Triptych*, ein Spiel mit der britischen Musiktradition, weist den New Romantics den Weg.

»1974?«, so frage ich mich unweigerlich jedes Mal, wenn ich die Platte auflege. Hätte mir jemand als Datum der Erstveröffentlichung das Jahr 1985 in die Lines geschummelt, ich hätte es unbesehen geglaubt. Roxy Music waren ihrer Zeit immer zehn Jahre voraus – mindestens. Und dennoch ist *Country Life* ein zeitloses Album, dessen musikalische Innovationskraft auch heute noch – unerreicht – durchklingt, das sich heute noch neben dem zeitgenössischen »Sound« problemlos behaupten kann und das ohne großen Kitsch und Pathos auskommt – obwohl die Band und allen voran Ferry Kitsch und Pathos auf der Bühne lieben und feiern. Es sind diese dezenten Widersprüche, die das Werk Roxy Musics mit einer ständig präsenten Grundspannung aufladen. Die sanfte Disharmonie des feinfühlig-melancholischen *Three And Nine* transportiert, ähnlich wie auch *A Really Good Time*, diese Spannung in Songs mit gemäßigtem Tempo.

Nicht vergessen werden darf der popkulturelle Kontext. Das England der frühen 1970er-Jahre ist offen für musikalische Neuerungen und steht auch den Exzentrikern der Szene neugierig wie wohlwollend gegenüber. David Bowie hat hier viel Pionierarbeit geleistet und die größten Steine aus dem Weg geräumt. Die Alben von Roxy Music brillieren auf der einen Seite mit einer gehörigen Portion Extravaganz, auf der anderen Seite sind sie, aller Abwechslung, allen

Experimenten zum Trotz, im Sound so homogen, dass sie einen hohen Wiedererkennungswert aufweisen. Das Publikum spricht dieser wohldosierten Form des Artrocks reichlich zu: *Country Life* erreicht Platz 3 der UK-Album-Charts und ist damit die bis dahin erfolgreichste Platte der Band.

Wie das Business funktioniert, weiß Bryan Ferry. So vielseitig er sich und seine Musik präsentiert, so sehr nutzt er ein simples Verkaufsprinzip: »Sex sells«. Bereits das Debüt und das ebenfalls grandiose Album *Stranded* machen sich diesen Effekt zunutze. Mit dem Cover des Albums *Country Life* jedoch treibt er diesen im Kern doch recht platten Mechanismus mit hoher Ästhetik auf die Spitze. Heute lockt man mit der Abbildung zweier Frauen in nahezu blickdurchlässiger Lingerie freilich keinen alten Hund mehr hinter dem Ofen hervor, 1974 aber wollte sich dieser Grad der Freizügigkeit noch nicht jedem auf Anhieb erschließen. Die beiden abgebildeten Grazien sind übrigens die Schwester des CAN-Mitbegründers und Gitarristen Michael Karoli, Constanze Karoli, und seine damalige Partnerin Eveline Grunwald. Aufgenommen wurde das Motiv von Eric Boman, der vor allem für die Vogue und andere Fashion-Magazine arbeitete.

So viel Freizügigkeit – das musste natürlich Ärger geben – und den gab es, wen will es wundernehmen, freilich in den Vereinigten Staaten. Aber auch in Irland, Spanien und den Niederlanden wurde das Cover zensiert.

Country Life ist in der Diskografie ROXY MUSICS mit Sicherheit ein Höhepunkt, so schön, so bittersüß sind die Songs, ohne auch nur eine Minute cheesy zu werden. Und das muss man auch erst mal hinkriegen.

Mom's Apple Pie – Mom's Apple Pie (1972)

Die Jungs haben den Groove in der Hose. Progressiver Jazzrock mit einer gehörigen Prise Funk, professionell arrangiert und mitreißend eingespielt ist das gleichnamige Album der Band MOM'S APPLE PIE ein echtes Juwel – und hierzulande sehr zu meiner Überraschung eigentlich nur unter Sammlern bekannt (und diese Bekanntheit rührt meines Erachtens auch maßgeblich vom etwas schlüpfrig gemachten Cover her).

Die Band MOM'S APPLE PIE gründete sich 1970 in der Mittelstadt Warren im Bundesstaat Ohio. Warren, eine eher arme Gemeinde, ist geprägt von spanisch- und italienischstämmigen Communitys sowie den typischen republikanischen Hillbillys, die sich in den ländlichen Regionen des mittleren Westens der USA finden – und Warren ist beileibe nicht das, was man als einen Kulturinkubator bezeichnen würde, aus dem sich typischerweise Rockstars rekrutieren. Und dennoch: Zehn gestandene Musiker finden in der Kleinstadt zusammen, nehmen zwei (eigentlich drei, das dritte Album wurde nur nicht mehr veröffentlicht, weil sich die Band vorher auflöste) wirklich herausragende Alben auf und touren äußerst ausgiebig.

Eng mit der Band verbunden ist Terry Knight, der schillernde Manager der Gruppe. Eigentlich war Knight Radio-DJ, womöglich sogar der erste, der in den USA die ROLLING STONES auf den Äther brachte und als waschechter Rock'n'Roller so begeistert vom neuen Sound aus Europa, dass er einen nicht zu unterschätzenden Anteil an der Verbreitung der Bands der »british invasion« in den nördlichen Bundesstaaten Amerikas hatte. Knight wollte unbedingt seine eigene Rock'n'Roll-Band und so gründete er kurzerhand TERRY KNIGHT AND THE PACK und feierte mit der Combo nicht nur

Achtungserfolge. Er reiste nach Europa, traf sich in London mit den BEATLES und versuchte, in Großbritannien wichtige Kontakte zu knüpfen, was ihm allerdings nicht mit durchschlagendem Erfolg gelang. THE PACK lösten sich 1969 auf, zwei Musiker daraus gründeten GRAND FUNK RAILROAD, Knight wurde ihr Manager und brachte die Band beim Major Capitol unter.

Es dauerte nicht lange und bald überwarfen sich die Mitglieder von GRAND FUNK mit Knight, der recht schnell das neue Projekt MOM'S APPLE PIE unterstützte, auf das ihn seine Frau aufmerksam machte, nachdem sie ein Demoband der Gruppe gehört hatte.

Das Engagement Knights darf als großer Glücksfall für MOM'S APPLE PIE begriffen werden – denn auch wenn er in Europa nicht so recht den Fuß in die Tür bekam, so waren seine Kontakte in den Vereinigten Staaten umso tragfähiger. Das erste Album, *Mom's Apple Pie*, wurde auf Knights eigenem Label Brown Bag Records veröffentlicht und erweist sich als durchaus erfolgreich. Die Band tourte durch die großen Clubs der Millionenstädte und teilte sich die Bühnenbretter mit David Bowie oder den DOOBIE BROTHERS.

Das Album ist unter Sammlern recht beliebt, allerdings wohl nicht allein wegen seiner musikalischen Qualitäten, die hier noch einmal herausgehoben werden müssen, sondern wegen seines Covers. Die jugendlich gezeichnete Mom, die sich, den Apfelkuchen, in dessen Anschnitt nicht nur ein weibliches primäres Geschlechtsorgan, sondern auch tropfend weißer Zuckerguss erkennbar ist, servierend, wollüstig die Lippen schleckt, sorgte nicht nur für einen Skandal, sondern auch für ein Verbot des Covers in den Vereinigten Staaten. Eine Vulva nebst Zuckerguss, das war dann im prüden Amerika des Jahres 1972 doch zu viel des Guten. Und so kam die Platte erst einmal in neutralen Schutzumschlägen in die Läden, schnell ließ man aber ein alternatives Cover drucken: Der Anschnitt des Kuchens war nun zugemauert und mit einem Stacheldrahtverhau gesichert, auf dem die amerikanische Flagge steckt. Der eigentlich fröhlich gezeichneten Mom kullert ein Tränchen über die Wange und zwei Polizisten blicken kontrollierend durchs Küchenfenster. Die Band hat es sich nach dem inszenierten Skandal (davon muss man ausgehen, das erste Cover hatte in jenen Jahren in Amerika freilich Anstoß erregen müssen) nicht nehmen lassen, den Zensoren so den erhobenen Mittelfinger entgegenzustrecken.

Ein Paukenschlag eröffnet die LP: *I Just Wanna Make Love To You* – Jazz küsst Funk, und aus dieser innigen Verbindung entsteht ein federnder Groove, der niemanden, aber auch wirklich niemanden unberührt lässt. Die Intermezzi des Saxofons und die flankierenden Bläser sind so eindringlich und dennoch so ungekünstelt leicht, dass man unverzüglich mitwippen muss. Etwas konventioneller geht es bei *Lay Your Money Down* zu – eine solide Hippienummer, die großen Spaß macht und einfach nahtlos in die Zeit passt. Bei *Dawn Of A New Day* ist besonders die Gitarre hervorzuheben. *Happy Just To Be* hat kompositorisch waschechte Hardrock-Gene, ist aber anders instrumentiert und damit eine kleine, augenzwinkernde Überraschung. Mit den großen und flächigen Akkorden von *Mr. Skin* wird das Album mit bestem Groove beschlossen – *Mom's Apple Pie* ist eine echte funky Feelgood-Platte!

Ein sehr gut gemachtes Reissue des Albums auf Vinyl bietet die Hifly Sound Anstalt aus Liechtenstein an.

Woodstock: Music from the Original Soundtrack and More (1970)

Fragt man begeisterte und häufige Konzert- und Festivalgänger nach dem Event ihrer Träume, dem Konzert, das sie besuchen dürften, wenn sie bei einer guten Fee einen Wunsch frei hätten, so hört man unisono: Woodstock. Auch fünfzig Jahre nach dem dreitägigen Spektakel, das geschätzt 400.000 Menschen anlockte, ist der Mythos Woodstocks ungebrochen. Die »3 Days Of Peace And Music« wurden spätestens mit dem oscarprämierten Dokumentarfilm von Michael Wadleigh zum Kult und werden gemeinhin als jugend- und popkultureller Gegenentwurf der Hippies zum damaligen in Kriege verstrickten imperialistischen und kapitalistischen Amerika rezipiert.

Dabei war das Festival nicht nur finanziell, sondern auch hinsichtlich der Versorgung der Besucher mit Essen und Trinken, der medizinischen Versorgung und der hygienischen Zustände ein Fiasko. Doch was zählt das, wenn man erstens nicht selbst dabei war und unter den teils widrigen Umständen nicht persönlich gelitten hat und sich zweitens das mehr als prominent besetzte Line up ansieht?

Wadleighs Dokumentarfilm *Woodstock – 3 Days of Peace And Music* schneidet die Probleme des Woodstock-Festivals nur an, unterstreicht vielmehr die musikalische Vielfalt, hohe Kreativität und Friedlichkeit, die in diesen berühmten drei Tagen im August 1969 vorherrschten. Er musste sich dafür viel Kritik gefallen lassen. Das 3er-LP-Set, das gemeinhin als Konzertdokument gilt, ist aber weit mehr, denn neben der Musik enthält es auch atmosphärische Aufnahmen von An- und Durchsagen, dem Publikumsgesang und Versatzstücke aus Interviews. Die Platte gibt die Ereignisse nicht chronologisch wieder, ist aber sehr geschickt montiert, um die unterschiedlichen Stimmungen zu transportieren. Auch die Auswahl der Stücke wurde behutsam getroffen und so ist das Album mehr als nur ein Soundtrack zum Film.

Der erste Tag Woodstocks, Freitag, der 15. August 1969, stand ganz im Zeichen des Folks: Arlo Guthrie, der Sohn des zu diesem Zeitpunkt bereits verstorbenen Woody Guthrie, der den US-amerikanischen Folk im 20. Jahrhundert maßgeblich prägte, ist mit seinem ikonischen *Coming Into Los Angeles* ebenso auf der Platte vertreten wie die zum Zeitpunkt der Aufzeichnung im sechsten Monat schwangere Joan Baez mit den Liedern *Drug Store Truck Drivin' Man* und *Joe Hill.* Die gesprochene Einleitung zum Song *Joe Hill*, sie ist ebenfalls auf der Platte dokumentiert, nutzte Baez, um auf die Situation ihres damals wegen Kriegsdienstverweigerung inhaftierten Mannes David Harris aufmerksam zu machen. Für etliche Rezensenten der Platte sind die beiden Lieder Baez' musikalisch und politisch herausstechende Zeitdokumente, anderen ist ihr tremulierender Gesang dann doch zu affektiert und sie beschreiben die Darbietungen Baez' als Tiefpunkt der Scheibe. Auch andere im Folk beheimatete Musiker fanden ihren Platz auf dem Soundtrack, so zum Beispiel John B. Sebastian, der Gründer der Band LOVIN' SPOONFUL, Country Joe McDonald oder Richie Havens. Sie alle sind mit sehr eigenen politischen oder zumindest politisch gefärbten Songs auf dem Album zu hören.

Die darauffolgenden zwei Tage haben ein rockigeres Line up. Von den insgesamt 32 Acts haben es immerhin 17 in den Film und auf das ziemlich genau 90 Minuten lang laufende 3er LP-Set gebracht. Unter ihnen so bekannte Namen wie Joe Cocker, JEFFERSON AIRPLANE oder THE BUTTERFIELD BLUES BAND.

Die Macher der Platte hatten natürlich das Problem, unter den vielen hochkarätigen Mitschnitten wählen zu müssen. Anlässlich des vierzigsten und fünfzigsten Jubiläums

Woodstocks wurden zusätzliche, breitere Editionen veröffentlicht, ermöglichte doch die nun zur Verfügung stehende CD-Technik Kompilationen mit deutlich erhöhter Spielzeit – und diese bestätigen den ersten Eindruck: Die Auswahl der auf der erstmals im Mai 1970 veröffentlichen Platte vertretenen Interpreten und Stücke wurde behutsam, um nicht zu sagen: exzellent getroffen, und nicht nur die der Stücke. Die Zwischenansagen, Atmos und Fetzen aus Interviews mit den Konzertbesuchern sind so gekonnt editiert und wohldurchdacht platziert, dass das Album auf eine eigene, unmittelbare Weise die Geschichte dieser drei Tage voll Frieden und Musik erzählt.

Das Woodstock-Festival verhalf auch einigen Musikern zu glanzvollen Karrieren, so zum Beispiel dem Debütanten Carlos Santana, dessen *Soul Sacrifice* als einer der musikalischen Höhepunkte des Events gilt, oder der bis dahin eher unbekannten Melanie Safka (sie allerdings wurde nicht auf der ersten Platte berücksichtigt). TEN YEARS AFTER, 1969 mit zwei Longplayern bereits in den britischen Top Ten der Albumcharts vertreten, ebneten in Woodstock ihren Karriereweg in den USA. Der Auftritt der hochpolitischen Formation Crosby, Stills und Nash zusammen mit Neil Young (*Sea of Madness*) sollte insbesondere die Solokarriere des Letztgenannten in den 1970ern befeuern.

Und die Alteingesessenen? THE WHO nutzten Woodstock, um Kostproben aus ihrer Rockoper *Tommy* zu spielen. *We're Not Gonna Take It* ist ein monumentaler Track – dass die Band mit ihrer Performance bei Woodstock selbst persönlich höchst unzufrieden war, kann das nicht ändern. (Am Rande: Der Auftritt von THE WHO wurde vom Sozialaktivist, Autor und Journalisten Abbie Hoffman gestört, der mit einer Protestrede auf die Verhaftung des White-Panther-Aktivisten und MC5-Managers John Sinclair aufmerksam machen wollte. Das missfiel Pete Townshend aber sehr, er packte kurzerhand seine Gitarre mit beiden Händen am Hals und drosch

Hoffman von der Bühne, was ihm nach eigenem Bekunden später leidtat.)

Jimi Hendrix, auch das ist eigentlich ein alter Hut, verdient aber dennoch Erwähnung, hatte selbst großes Interesse, bei Woodstock aufzutreten, er akzeptierte ein Salär, das weit unterhalb seiner üblichen Gage lag, und war sozusagen der »closer« des Festivals: Am Montag, den 19. August 1969 um 9 Uhr in der Früh, die meisten Besucher waren längst abgereist, spielte der übernächtigte und von Trips sichtbar gezeichnete Hendrix vor noch etwa 35.000 Zuhörern und einer endzeitlich wirkenden Kulisse aus Matsch und Müll sein Konzert. *Star Sprangled Banner*, Teil des letzten Stücks der Platte und Medleys, scheidet bis heute die Geister: Für die einen ist es einfach eine nahe an der Kakofonie entlangschrammende Lärmkanonade weit unterhalb seines spielerischen Niveaus, für die anderen mehr als eine geniale Interpretation der US-amerikanischen Nationalhymne – die Lautung des Bombenhagels, den Hendrix mit reichlich Zerre auf der Gitarre imitierte, gilt vielen als klares Fanal gegen den Vietnamkrieg.

Was bleibt heute von diesem Soundtrack? Er ist gleichzeitig ein wichtiges Konzert- und Zeitdokument, eines, das wunderbar rockt und eine Menge politischen Zündstoff jener Tage locker und authentisch in die Jetztzeit transportiert. Wie der Film, so festigt auch die Platte den Woodstock-Mythos und konserviert ihn für die zukünftigen Generationen. Auch das Cover wurde aus dem Stand zum international verstandenen, popkulturellen Allgemeingut. Wohl jeder kennt die Fotografie, die ein sich innig umarmendes Paar vor der Besucherkulisse des Festivals zeigt.

Boston – Boston (1976)

Es rechnet sich unter die erfolgreichsten Debütalben der Welt, der Sound ist schillernd und klar und verhalf dem Hardrock zu einer ganz neuen, ungewöhnlich glamourösen und strahlenden Spielart: Das Album *Boston* von BOSTON ist in vielerlei Hinsicht eine Besonderheit und trotz aller Strahlkraft heute in seiner Gesamtheit ein wenig in Vergessenheit geraten. Klar: Die Single *More Than A Feeling* blieb am Anfang des Jahres 1977 nicht nur für 15 Wochen in den Charts, sie gehört auch noch heute zum integralen Bestandteil jeder ernst zu nehmenden Classic-Rock-Rotation. Doch das Album als musikalische Einheit wird heute nur äußerst selten in den einschlägigen Medien angesprochen und kaum ein Sender spielt daraus ein anderes Lied als eben dieses ausdrucksstarke wie zuckersüße *More Than A Feeling*.

Und um der Wahrheit die Ehre zu geben: Mir ist es bis zum letzten Wochenende genauso ergangen.

Wir saßen bei guten Freunden bei gutem Wein und gutem Essen und zu vorgerückter Stunde kam das Gespräch auf epochale Alben. Und da war es auf einmal – BOSTONS gleichnamiges Debüt. Das letzte Mal, dass ich das Album bewusst gehört hatte, war Mitte der 1990er-Jahre, daran kann ich mich noch dunkel erinnern. Die reichlich bespielte Platte hatte ich auf dem Flohmarkt aus einer Grabbelkiste gezogen und für einen symbolischen D-Mark-Betrag mitgenommen, dann relativ häufig auf Partys gespielt (*More Than A Feeling* war schon immer, natürlich auch in den Neunzigern, eine sichere Bank) und irgendwann muss die Scheibe dann auf einer solchen Party einen neuen Liebhaber gefunden haben – ich habe sie in meiner Sammlung nämlich nicht mehr wiederfinden können und kaufte sie kurzerhand nach.

1969 beginnt der Ingenieur und Multiinstrumentalist Tom Scholz seine musikalische Karriere – er stößt als Orgelspieler zur Band MOTHERS MILK (der größere Erfolge versagt blieben) und lernt dort unter anderem den Sänger und Gitarristen Brad Delp und »Milk«-Gründer Barry Goudreau kennen. Mit ihnen musiziert er einige Jahre und errichtet währenddessen – immer schon interessiert an der technischen Seite der Musik – in seiner Heimatstadt Watertown bei Boston/Massachusetts ein veritables Heimstudio (das war in den 1970er-Jahren durchaus noch eine Besonderheit; während die Digitalisierung und der ungebrochene Eifer der Chinesen, Clones teurer Technik in großer Stückzahl zu Dumpingpreisen auf den Markt zu werfen, heutzutage das Homerecording zum Quasi-Standard unter Musikern werden ließ, brauchte man damals nicht nur einen Batzen Geld, sondern auch tiefergehendes technisches Know-how, um im Heimstudio zu ordentlichen Ergebnissen zu kommen). In diesem Homestudio bastelte und frickelte Scholz an Songs, mal mit, mal ohne Band, mal mit halber Besetzung und wechselnden Instrumenten. In dieser Zeit schrieb er auch das Instrumental *Foreplay* und *More Than A Feeling* und zeichnete mehrere Demotapes auf. Erfolgreich waren die Demos aber erst, als Scholz ein größeres Augenmerk auf die Gitarre legte und der Sound insgesamt rockiger wurde – der Einsatz der »doppelten Leadgitarre« sollte zu einem Markenzeichen BOSTONS werden – und nun erhielt die Combo bei Epic den lang ersehnten Plattenvertrag.

Beim Label stellte man allerdings einige Forderungen: Der Schlagzeuger Jim Masdea, mit dessen Performance die Plattenbosse nicht zufrieden waren, musste gegen Sib Hashian ausgetauscht werden. Und man verlangte, dass die ganze Platte noch einmal neu in einem Profi-Studio in L. A. einzuspielen sei. Scholz, durchaus mit seinem eigenen Werk zufrieden, suchte sich einen Produzenten und haute mit dessen Hilfe die Epic ein wenig übers Ohr: Die in Scholz'

Studio entstandenen Bänder wurden auf das professionelle, 24-Spuren enthaltende Zwei-Zoll-Tonband kopiert. Lediglich das Mixing und die Aufzeichnung von einigen Teilen der Akustikgitarre sowie die Aufnahme einzelner Gesangspassagen ließ man im Profistudio besorgen. Das Erstlingswerk kann sich dennoch auch heute noch hören lassen – und war zudem eine ungewöhnlich billige Produktion.

Boston wird auf Anhieb ein außerordentlich erfolgreiches Album, alleine in den USA verkaufte es sich 17 Millionen Mal, weltweit soll es 25 Millionen Mal über den Ladentisch gegangen sein. Liegt das nur an *More Than A Feeling*? An der Scholzschen »Hitformel«, die sich auch beim Folgealbum *Long Time* mit der gleichnamigen Single und bei *Don't Look Back* als ähnlich Glück bringend erweisen sollte? Melodischer Heavy-Rock war Mitte/Ende der 1970er-Jahre nicht zwingend in Mode – melodiöse Sachen gab es schließlich genug, Disco stand im Zenit und der Punk kratzte schon ungeduldig an der Tür. Ich denke, das absolut eingängige Songwriting, das Pop und die Elemente der klassischen Sinfonie mit großer Selbstverständlichkeit miteinander verwebt und in den unverwechselbaren Boston-Sound kleidet, ist zentraler Teil dieser Erfolgsformel. Dazu kommt aber auch, dass die Stücke keine kurzen Nummern sind, sondern zum konzentrierten Zuhören einladen und eine dem Entdeckerdrang der geneigten Zuhörerschaft entgegenkommende, dem Groove aber nicht im Weg stehende Komplexität mit sich bringen. Boston-Hits sind Hits mit musikalischem Tiefgang, laden zur Versenkung ein.

Der erste Song des Debütalbums sollte Bostons berühmtestes Lied werden. Der allererste Schuss ein Volltreffer – mehr muss man zur Ballade *More Than A Feeling* nicht schreiben, oder? Das erste, im Gegensatz zum Rest des Songs akustisch gespielte Riff von *Peace Of Mind* hat im Prinzip schon den Song, der sehr traditionell arrangiert ist, erklärt – schnörkelloser Rock in bester Mid-70s-Tradition, man reicht damit FLEETWOOD MAC genauso die Hand wie BTO. So ging Rock'n'Roll eben vor fünfundvierzig Jahren: fröhlich, klar und ein bisschen heavy. Das Instrumental *Foreplay/Long Time* beginnt mit flirrenden Keys, schnell setzt ein Stakkato, auf den Punkt mit den Drums arrangiert, ein. Der erste Kontrast, noch könnte sich das Stück zu einer hausbackenen Progressive-Nummer entwickeln, antizipiert nur den nächstfolgenden, noch größeren Kontrast: Mit den recht unvermittelt einsetzenden, doppelt aufgestellten Leadgitarren sind wir eindeutig im Hardrock angekommen – da ist der Track noch keine vierzig Sekunden alt – die Spannung steigt! Das Thema wird sofort vom stahlhart gezupften Bass aufgenommen – kann jetzt noch eine Steigerung kommen? BOSTON lässt sich Zeit, denn nun folgt ein Intermezzo alternierender Akkorde, die Zerre wabert durchs Stereopanorama und der Song wird nur noch von der Orgel gehalten. Wir sind angekommen in einer spacigen Symphonie, das auf dem Plattencover zu sehende Gitarren-UFO mit der Silhouette der Stadt Boston unter der Glaskuppel hat vermittels der blauen Flammen seines Warpantriebs abgehoben in die nächste Galaxie – und wir befinden uns nun im Gleitflug des Nicht-Instrumentalteils *Long Time*, dessen Lyrics auf einen federnden Beat einsetzen, der sich in eine Orgel, die einem Jon Lord gut zu Gesicht stünde, ein cleanes Gitarrenzwischenspiel vom Schlage des ELECTRIC LIGHT ORCHESTRAS und eine himmlisch gesungene Reflexion über den Umgang mit einer vor langer Zeit auseinandergegangenen Beziehung ergießt. Die letzte große Steigerung ist da: »Well I'm takin' my time, I'm just movin' along« – gut, was sollte man auf seinem Trip durch die Galaxien schon anderes tun.

Die B-Seite beginnt nun wieder deutlich geerdeter: *Rock'n'Roll Band* feuert eine musikalische Stereotypenbatterie über die Band und den Rock'n'Roll ab – geschenkt. *Smokin'* wiederum ist ein vom Blues inspirierter, schneller, netter kleiner Tune, perfekt auf dem Punkt – und mit einem feinen Orgelsolo garniert, dass einem die Ohren klingeln. Es folgt ein relativ flacher Filler, »*Let me take you home tonight* / I'll show you sweet delight«, na ja, ein etwaiges jugendliches Publikum mochte sich ja weiland auch von der Scheibe angesprochen fühlen. Gegen Ende des Songs wird noch mal kräftig aufs Gaspedal gedrückt, das ist irgendwie schon fast wieder witzig, rettet den Song aber nicht aus der Bedeutungslosigkeit.

Gonna Hitch A Ride wiederum hat das Zeug zum Klassiker, ein Roadsong, wie aus dem Bilderbuch, so luftig-poppig wie Eierbaiser, man sieht sich selbst förmlich dem Sonnenuntergang entgegenfahren und keine Ecke, keine Kante will den Flow bremsen.

Something About You ist ein würdiger Closer: Schöner, flächiger, harter Rock, erst ein wenig getragen, dann wird voll aufgedreht. Die Nadel setzt ab, der Tonarm fährt zurück, die Show ist aus.

Ja, Boston klingt nach 1976. Rund, breit, flächig, reichlich mit feiner Schokolade übersponnen und mit Puderzucker großzügig bestäubt – dabei aber nie tranig und nie zu dick aufgetragen. Hier werkeln klassisch ausgebildete Musiker auf hohem Niveau und verheiraten Pop, Rock, Heavy, nehmen einen ordentlichen Schluck aus der klassisch kompositorischen Pulle, verlieren sich selbst dabei nicht aus den Augen und streuen zur Abrundung bunt schillernde Zuckerperlen über ihr Werk. Ab und zu braucht man mal so ein richtig süßes Teil!

Dies Irae – First (1971)

Man nehme mehrere große Kellen Psychedelic Rock, gebe einen kräftigen Schuss Progressive dazu und koche das Ganze bis an die Grenze zum musikalischen Experiment auf. Nun übergieße man mit reichlich Blues und würze fein mit leicht rauschmittelassoziierten Texten und harmonischen Kurzsoli ab und schon ist eine Musik entstanden, die im Gegensatz zu vielen Krautrockbands ihre britischen und amerikanischen Inspirationsquellen nicht verleugnet. Serviert wird auf Platte, die heißt *First*, und sie mundet so hervorragend, dass der saarländische Kommentar »Haup'sach gut gess'!« mehr als euphemistisch anmutet: Die Saarbrücker Band Dies Irae schenkt uns mit ihrem ersten und einzigen Album ein zauberhaftes Stück Musik. Krautrock, der gar nicht so krautig daherkommt, sondern viele internationale Einflüsse unterschiedlichster Stile harmonisch miteinander verquirlt.

1968 gründet der Saarbrücker Rainer Wahlmann die Combo Dies Irae – schließlich versprach er sich drei Jahre vorher selbst »im Amsterdamer Jazzclub Phono-Bar nach einem allerersten Stikkie-Red-Lebanese, Protestsänger zu werden«, so zumindest lässt er sich von der Saarbrücker Zeitung zitieren. An seiner Seite der durch seinen Großvater klassisch ausgebildete Gitarrist Harald Thoma, der Bassist Robert Schiff und der Drummer Andreas Cornelius.

Dies Irae zeichneten zwei Songs für den Sampler *Heavy Christmas*, die erste Veröffentlichung des legendären Pilz-Labels, auf, dann geht man in ein Hamburger Studio und macht sich, nach etlichen Live-Auftritten gut aufeinander abgestimmt, in einer nur zweitägigen Session (Studiozeit war in jenen Tagen teuer) an die Aufnahme der ersten eigenen LP. Die heißt dementsprechend ganz unprätentiös *First*.

Schnell und trocken bricht sich die Bluesharp beim Opener *Luzifer* Bahn: Die Tempiwechsel des Songs, der getreu seinem Thema in den Interludii etwas dunkler abgestimmt ist, reißen den Hörer sofort in ihren Bann. Rainer Wahlmann singt und harpt, als ginge es um sein Leben, das Gitarrensolo Harald Thomas packt durch seine Präzision unerbittlich zu, der Tune ist auf Geschwindigkeit getrimmt und auf Krawall gebürstet. Willkommen in der Welt von Kraut, Blues und Heavy. Willkommen bei DIES IRAE.

Salve Oimel! ist ein pubertierender Spaß auf Sekundarstüflerniveau für alle, an denen das kleine Latinum nicht gänzlich folgenlos vorübergezogen ist.

Krautrockig konventionell präsentiert sich *Another Room*. Es würde auf anderen Platten wegen seines überdurchschnittlichen Niveaus positiv herausstechen, auf der überdurchschnittlichen Platte *First* gerät es trotz der gut gespielten Drums und der akkuraten Gitarre ein wenig ins Hintertreffen.

Es folgt das Experiment *Trip*, ein siebenminütiger akustischer Trip, eine Reminiszenz an Rauschzustände, es hat etwas von den abgedrehten Sachen von PINK FLOYD und auch irgendwie etwas vom Hendrixschen Wah-Wah-Sound, es ist auf angenehme Art sanft und gleichzeitig amtlich verscheppert. Zu *Trip* wurde auch ein Musikvideo produziert – das erste Musikvideo einer saarländischen Rockband, so wissen es zumindest die Babyblauen Seiten zu berichten. Die Band steht, läuft, rennt über eine Großbaustelle, sitzt mal auf der Ladefläche eines Lasters, tanzt, guckt, formt Sand, steht kopf. Anno '71 war das innovativ (wer das Video sehen will, findet es ganz leicht bei YouTube).

Harmagedon Dragonlove – ein Hardrock-Brett aus dem Bilderbuch. Schnell, schmutzig und unwiderstehlich und ein Highlight der Platte.

Fast schon Bluesrock nach alter Väter Sitte ist *Tired* – der Sänger ist von seinem Umfeld recht abgefuckt und freut sich, wenn er sich einen rauchen oder andere Substanzen verabreichen kann. Dazu ein tiefenentspanntes Bluesharpsolo und ein Frage-Antwort-Spiel zwischen Harp und Gitarre – phänomenal!

Witches Meeting wiederum erfüllt alle Erwartungen an den schon archetypischen Krautrocksound – verspielte Gitarren im Echomode, ein feinstziseliertes Drumsolo mit dezentem Flangereinsatz – kurz: Alles, was das Herz begehrt.

Schön knallig ist auch *Red Lebanese*, ein Riff, der sitzt und schon wird wieder das Bluesrockschema bemüht – der Song läuft butterzart ins Ohr, das Intermezzo wird auf der Akustikgitarre vorgetragen, roh und erdig, bald übernimmt die Band wieder. Ja, *Red Lebanese* ist für mich ein weiteres Highlight der Scheibe. Was für eine Perle!

Run Off, ein letzter kleiner Gag und dieses Ausnahmealbum ist leider schon zu Ende.

Ein wenig Labelkunde am Rande: Wann immer wir uns mit dem frühen Krautrock befassen, begegnen uns in aller Regel zwei Plattenlabels, nämlich Ohr und Pilz. Sie gehörten inhaltlich, personell und auch wirtschaftlich eng zusammen. Der Konzertveranstalter und Plattenproduzent Rolf-Ulrich Kaiser gründete 1969 zusammen mit Peter Meisel, Musikgroßverleger und Talentscout, das Label Ohr. Kaiser, der unter anderem die Essener Songtage initiiert hatte und Moderator der ersten Stunde bei der Rocksendung Panoptikum im Westdeutschen und Norddeutschen Rundfunk war, hatte in den 1960er- und 1970er-Jahren hervorragende Kontakte in die hiesige Undergroundszene. Mehr zur durchaus schillernden Figur Kaisers steht in diesem Buch in der Besprechung von Golowins Album *Lord Krishna von Goloka*, das ohne ihn so sicher nicht zustande gekommen wäre. Die Ohr-Veröffentlichungen, dazu zählten in den frühen Tagen des Labels unter anderem Platten von TANGERINE DREAM, AMON DÜÜL oder GURU GURU, waren von Anfang an erfolgreich. Meisel, der mit dem Intro- und Hansa-Musikverlag im Rücken als Geldgeber fungierte, konnte zufrieden sein. Vertrieben wurde das erfolgreiche Ohr-Label von der Metronome. Ende der 1960er-Jahre gründeten viele Majors eigene Sublabels für Psychedelic Rock und experimentelle Rockmusik (ein weiteres Beispiel wäre zum Beispiel Philips, die, man liest es hier bei COLOSSEUM nach, neben ihrem Unterhaltungsmusiklabel Fontana auch Vertigo für die Zielgruppe der jungen Erwachsenen installierten), die Metronome stellte mit Ohr erfolgreich quasi den Fuß in die sich öffnende Tür dieses Marktsegments.

Auch bei der Ludwigshafener BASF unterhielt man ein Schallplattengeschäftsfeld, die BASF Musikproduktion, später BASF Records. Bei der BASF hatte man Ähnliches vor wie bei Metronome, Philips und den anderen Majors. Die Psychedelic- und Progressive-Sparte sollte ursprünglich Mouse heißen, doch bereits in den 1970er-Jahren taumelte die Musikabteilung des mächtigen Chemiegiganten und man überließ Kaiser die Schirmherrschaft über das Mouse-Konzept, das von ihm kurzerhand in Pilz umgetauft wurde. Das Album *First* von DIES IRAE entstand noch unter BASF-Ägide, gelangte aber als zweite Veröffentlichung von Pilz in den Handel, den Vertrieb besorgte die BASF. Das ist deshalb bemerkenswert, weil die nunmehr in Berlin ansässige Firma Ohr & Pilz Musik Produktion von Kaiser und Meisel nun zwei Vertriebe hatte – die Metronome und die BASF. Damit sich nun die Labels Ohr und Pilz nicht gegenseitig kannibalisieren, richtete man sie vorsichtig neu aus: Ohr brachte eher experimentelle und auch elektronisch beeinflusste Bands heraus, bei Pilz blieb man rockiger. So richtig trennscharf funktioniert diese Abgrenzung aber nicht, das Liedermacher-Duo WITTHÜSER & WESTRUPP veröffentlichte beispielsweise mal auf Ohr, mal auf Pilz. So erfolgreich Ohr und Pilz starteten und so produktiv man in vier Jahren auch war, 1973 war Schluss mit Ohr und Pilz. Ein Jahr zuvor überwarf sich Kaiser, der zusammen mit dem im Schweizer Exil lebenden Timothy Leary umfangreich und im Selbstversuch mit LSD experimentierte, mit einigen seiner engen Mitarbeiter, die daraufhin Ohr verließen und das Label Brain gründeten, das fortan neue Heimat vieler Krautrockbands werden sollte. Kaiser entsann als Folgelabel die Kosmischen Kuriere und widmete es jenen Bands, die musikalisch vom LSD inspiriert waren oder zur Verbreitung desselben beitrugen. Und so ward Kaiser fortan immer seltener gesehen und verschwand irgendwann ganz von der Bildfläche des Musikgeschäfts. Und um den Bogen rund zu bekommen: Die BASF schmiss Ende der 1970er-Jahre ihr defizitäres Schallplattengeschäft hin. Am Schluss hatte man es nur noch aufrechterhalten, weil man hoffte, dass die vorbespielte Compact Cassette unter dem Markennamen MusiCassette (die BASF war sehr erfolgreich im Leermediengeschäft mit unbespielten Audiokassetten und Tonbandmaterial und unterhielt entsprechende Produktionsanlagen) die Langspielplatte als primär gehandelten Tonträger ablösen würde. Ende der 70er-Jahre war abzusehen, dass das (als Ausnahme sind Hörspielkassetten für Kinder und Jugendliche zu nennen) nicht der Fall sein wird.

Sieben Jungfrauen zu besingen, die es mit einem siebenköpfigen Drachen treiben, etwas über Drogen gegen eine im Wortsinne abgefuckte Welt und vom roten Libanesen zu säuseln, das war 1971 nicht der Stoff, aus dem sich ein gutes Radioairplay hätte schneidern lassen – und so erhielt die Platte ihrerzeit nicht die Aufmerksamkeit, die sie eigentlich verdient hätte. Nicht nur musikalisch ist der Erstling (und »Einzling«) der Band ein Volltreffer, auch der »Magier der Regler« Conny Plank tat das Seinige dazu, dass die Scheibe zeitlos fett klingt und sehr viel Atmosphäre aus den Mikrorillen dringt.

Der Durchbruch wollte sich dennoch für Dies Irae nicht einstellen und so trennte sich die Gruppe alsbald. Woran das gelegen haben mag? Am Umstand, dass die Platte nicht im Rundfunk gespielt wurde? Oder offenbart sich am Beispiel

DIES IRAES die in Fach- und Sammlerkreisen viel beschworene Vertriebsschwäche der BASF-Tonträgersparte?

Heute wird man wohl kaum mehr eine eindeutige Antwort auf diese Frage bekommen.

Auch wenn DIES IRAE als Band scheiterte, Wahlmann ließ die Musik nicht mehr los. Er ließ sich in Saarbrücken nieder und gründete 1985 eine neue Band: GREEN WAVE sollte es zumindest zu regionaler Bekanntheit bringen, vier CDs hat man bis heute eingespielt. Gitarrist Harald Thoma ist seinem Instrument ebenfalls treu geblieben und nimmt bis heute Soloalben auf und unterhält ein Büro für visuelle Kommunikation.

DIES IRAE sind obschon ihres fulminanten Debüts und ihrer ausdauernden, stets gut rezipierten Liveperformances heute nahezu in Vergessenheit geraten – doch nicht überall. 2009 brachte das Münchener Label Ohrwaschl-Records ein in allen Punkten vollen Mundes zu lobendes Reissue heraus – ein gut gedrucktes Klappcover, dass ein Bild eines in der Mitte gerissenen Stacheldrahts ziert, beherbergt eine technisch nahezu perfekte, mit vollem Dynamikumfang und kaum wahrnehmbarem Eigenrauschen versehene und zudem schwere Pressung, die sich in einem anständigen Sleeve wiederfindet (und das Ganze zu einem wirklich fairen Preis). Wie Wiederveröffentlichen geht, kann man bei den Bayern lernen! So gibt es auch keine Ausrede mehr, dieses kleine Meisterstück nicht aufzulegen.

Siouxsie And The Banshees – The Scream (1978)

Es gab eine Zeit, in der das Genre Gothic noch nicht mit aufgesetzter Schwermütigkeit im bräsigen Vampirlook besetzt war, sondern inspiriert vom Rock und infiltriert vom Punk seine eigene Spielart suchte, freilich düster gestimmt, freilich mit einer großen Portion morbiden Charmes versehen, aber eben nicht überladen kitschig, sondern mit einer ganz eigenen, dunkelmatt glänzenden Eleganz. Das Label »Gothic« haben SIOUXSIE AND THE BANSHEES erst später, Anfang der Achtziger in Anspruch genommen (Siouxsie Sioux, die mit ihrer Kleidung, ihrem Auftreten, ihrer Inszenierung für viele frühe Goths stilprägende Sängerin, soll als Erste die musikalische Richtung der Band als »gothic« definiert haben und könnte somit als Erfinderin der Genrebezeichnung gelten) – heute würde man auf ihre Platten wohl eher den Vermerk »File under Post Punk« kleben. Dennoch: Sie sind, tief verwurzelt im Punk, eine der Bands, die dem Gothic-Rock in viele Richtungen den Weg ebneten (und was in *The Scream* angedeutet wird, findet 1981 auf dem Longplayer *Juju* seine Vollendung).

Es war am 20. und 21. September 1976. Im traditionsreichen (und relativ kleinen) Jazzkeller 100 Club in der Londoner Oxford Street kommt es im Rahmen eines ersten internationalen Underground-Punk-Festivals zu einigen denkwürdigen Auftritten von späteren Größen wie THE CLASH, THE DAMNED, den BUZZCOCKS und eben auch SIOUXSIE AND THE BANSHEES – bei diesem Konzert spielte Sid Vicious bei den BANSHEES Schlagzeug. Frontfrau und Sängerin Siouxsie Sioux, bürgerlich Susan Janet Ballion, gehört in jenen Tagen zum engen Fanclub der SEX PISTOLS, der sich Bromley Contingent nennt. Auch wenn die Besetzung der Band für diesen Auftritt nur für eben diesen einen Gig hält, erarbeiten sich die »Banshees« schnell ein eigenständiges Repertoire und finden eine für die nächsten Jahre zumindest annähernd stabile personelle Besetzung. Siouxsie Sioux hat bekannte Freunde wie Billy Idol in der Bromley Contingent Connection, im Dunstkreis der PISTOLS wird keine Gelegenheit ausgelassen, Skandale zu provozieren, und so lässt sich auch eine gewisse Publicity rund um den kometenhaften Aufstieg des Punkrocks inszenieren. Den langjährigen Bassisten der Band, Songschreiber, engen Vertrauten und Freund Steven Severin lernt Siouxsie ein Jahr zuvor auf einem ROXY MUSIC-Konzert kennen, beide sind geprägt von der Musik Ferrys, was in ihrem Sound auch immer wieder durchblitzt. Die BANSHEES sind gut aufgestellt. Das Einzige, was fehlt, ist ein Plattenvertrag.

Das Insistieren der Moderatorenlegende John Peel und nicht zuletzt eine Graffiti-Aktion in London, Fans sprühten »Sign the Banshees – do it now« an die Wände, bewogen letztlich die Polydor, SIOUXSIE AND THE BANSHEES unter Vertrag zu nehmen – und so entstand der Meilenstein *The Scream*.

Aus heutiger Sicht mag es ein Glücksfall für Band und Publikum gewesen sein, dass die erste Platte so lange auf sich warten ließ. Der unmittelbar zupackende, schnelle und dreckige Punk-Sound vom Schlage der PISTOLS war schon fast verklungen, als die BANSHEES mit ihren im Tempo etwas langsameren, klanglich klareren und musikalisch deutlich ausdifferenzierteren Songs eine größere Hörerschaft erreichen, das Timing war nahezu perfekt, der Post Punk etablierte sich erfolgreich in der vom Punk gelassenen Lücke.

Ein paar Worte zu einzelnen Songs: Der Opener *Pure* könnte ein düster-bedrohliches Soundscape eines Horrorfilms sein, auch der Song *Jigsaw Feeling* ist entsprechend temperiert, wirklich bezeichnend finde ich aber die Leadgitarre, die hier einen Sound vorwegnimmt, der sich fünfzehn

Jahre später in vielen Indie-Produktionen wiederfinden wird. *Overground* mit seiner stakkatoartig geschlagenen Gitarre lässt eigentlich kaum mehr an Punk denken, das nun folgende *Carcass* hingegen, genauso wie das Beatles-Cover *Helter Skelter*, schon, will man vom Intro einmal absehen. Gerade *Carcass* ist ein Highlight der Platte. Richtig düster ist *Metal Postcard (Mittageisen)*, mit dem Siouxsie einen Skandal ausbügeln möchte – einige ihrer öffentlichkeitswirksamen Auftritte absolvierte sie mit einer Hakenkreuz-Armbinde, eine Provokation, die ihr freilich völlig entglitten ist. *Nicotine Stain* präsentiert sich mit einer Frische und Wucht, die auch heute noch, weit über vierzig Jahre nach Veröffentlichung der Platte, voll ins Mark trifft.

Beschlossen wird der Longplayer von *Switch* – einer düster-kraftvollen, knapp siebenminütigen Hymne, die für mich das eigentliche Highlight dieser besonderen Platte darstellt.

Das Sleeve-Design verdient ebenfalls Aufmerksamkeit. Das dunkel gehaltene Unterwasserfoto, das in einem Hallenschwimmbad vom Banshees-Fotograf Paul Wakefield geschossen wurde, wählte man, weil es unmöglich ist, unter Wasser zu schreien. So kann das manchmal laute Album *The Scream* überall dort, wo es sich zurücknimmt, aber auch in seinem zeitlichen Kontext, tatsächlich als »stummer Schrei« verstanden werden.

The Scream verfehlte seine Wirkung nicht, der Sound der Platte prägte viele Bands in den späten 70er- und frühen 80er-Jahren und passt perfekt an die Schwelle der beiden Jahrzehnte. Er markiert, obwohl noch deutlich mit dem Punk verbandelt, einen Quasi-Startpunkt für den Gothic Rock der kommenden Dekade.

Garbage – Garbage (1995)

Von einer Band, die sich GARBAGE nennt, erwartet man Punk, vielleicht Grunge, Noisecore oder Ähnliches. Ob das, was beim 1995 erschienenen Debüt der amerikanisch-schottischen Band nun Rock oder Pop oder auch beides ist, möge der Hörer entscheiden. Ungewöhnlich, an manchen Enden gar innovativ, ist der Sound der Platte Mitte der 90er auf jeden Fall.

Butch Vig machte sich Anfang der Neunziger insbesondere als Producer einen Namen: Er ist für den lupenreinen Hochglanzklang von NIRVANAS erfolgreichstem Album *Nevermind* verantwortlich – diese Produktion wird ihm einen festen Platz bei der Einspielung diverser Grunge-Scheiben sichern: Alben der FOO FIGHTERS, der SMASHING PUMPKINS und GREEN DAY tragen seine Handschrift. Als Musiker war Vig immer engagiert – blieb aber mit seinen Bands und Projekten ECLIPSE, FIRST PERSON oder SPOONER kommerziell erfolglos. Das sollte sich erst ändern, als die Band RECTAL DRIPS, der Vig zusammen mit Steve Marker (ebenfalls Producer und Mitgesellschafter von Vigs Smart Studios) und Duke Erikson (Film- und Plattenproduzent und seit SPOONER-Zeiten musikalischer Weggefährte Vigs) angehörte, die Edinburgher Sängerin und Keyboarderin Shirley Manson entdeckte – auf dem Fernsehschirm. Manson war damals die Frontfrau der Gothic/Alternative-Rockband ANGELFISH und der Mitschnitt eines Gigs dieser Band flimmerte eines Abends auf dem Sender MTV über die Mattscheibe. Mit Manson angelte man sich nicht nur eine begnadete Sängerin mit der unnahbar-erotischen Ausstrahlung des »Vamps«, sondern auch eine nicht minder talentierte Songschreiberin.

Die Mischung macht's, die Mischung haut hin: Shirley Manson schreibt grundsolides Rock-Material mit Hitqualitäten und interpretiert dieses entsprechend pointiert und authentisch, Erikson, Vig und Marker musizieren und kümmern sich um den Sound, der sich spielend zwischen Pop und Rock einpendelt und dabei auch mit elektronischen Elementen nicht geizt. Das alles mag kalkuliert klingen und dennoch entwickeln das Album und die Songs streckenweise eine urwüchsige Kraft, die in den Neunzigern im Grunge und Rock quasi tonangebend ist.

Knackiges Drum-Intro, ein Riff, der sitzt und mit einer ordentlichen Portion Happiness wird mit *Supervixen* diese pinke Platte eröffnet, der Text ist Manson auf den Leib geschrieben und gerade bescheiden geht es nicht zu: »Bow down to me«.

Mit Superlativen und konstruierter Unnahbarkeit geht es weiter: *Queer* wird sich für GARBAGE zum Hit entwickeln – und unmittelbar setzt mit *Only Happy When It Rains* der nächste Smasher ein. Diese drei ersten Songs werden als Single ausgekoppelt und ein Album, das mit nicht weniger als drei (!) Single-Auskopplungen loslegt, muss das Niveau halten können. Von der ersten Sekunde mit einem veritablen Drum'n'Bass-Beat unterzogen, präsentiert sich *As Heaven Is Wide* als relativ hartes, düsteres Brett, während *Not My Idea* ein recht konventionelles, um nicht zu sagen, erwartbares Indierock-Stück in traditionell britischer Färbung ist. *A Stroke Of Luck*: Das sind die 90er. Ein bisschen Elektrosound, ein gedämpfter Beat und ein wenig Melancholie ergeben ein nicht zu schnell verrinnendes Fluidum. Und mit *Vow* sind wir schon bei der nächsten, der initialen Singleauskopplung GARBAGES. Richtig griffiger 90s-Rock nach alter Väter Sitte – ein wenig kalkuliert, das tut dem Spaß aber keinen Abbruch. Es folgt, wen will es wirklich überraschen, wieder eine Singleauskopplung: *Stupid Girl*, die Bassline und auch die wesentlichen Drumsamples stammen vom Clash-Song *Train In Vain*, wird ein Klassiker, steigt in Großbritannien auf Position 4 der Hitparade und ist das wohl bekannteste Lied GARBAGES. *Dog New Tricks*, *My Lover's Box* und *Fix Me*

Now liefern wieder Altbewährtes. Bemerkenswert ist *Milk*, das ruhige, elektronische Stück mit dem sehnsüchtigen Refrain »I'm waiting, I'm waiting for you«, irgendwo zwischen DUBSTAR und TRICKY, Drumloops und Mansons unverkennbare Stimme werden weich vom Mellotron getragen. Müßig zu sagen, dass auch *Milk* eine sehr erfolgreiche Single war.

Die Strategie, von diesem einen Album fünf Singles zu veröffentlichen, sollte sich bezahlt machen: *Vow* machte bereits vor Erscheinen des Albums im März 1995 Lust auf mehr, man verschoss aber nicht gleich zu Beginn sein ganzes Pulver. Im November 1996 dann erschien *Milk* als letzte der fünf Singles dieses Albums und gewann letztlich all jene Hörer, die sich noch nicht von den Top-Hits GARBAGES einfangen ließen. Insgesamt sollte sich das Album recht kontinuierlich bis 1998 verkaufen, man setzte insgesamt mehr als fünf Millionen Einheiten ab und hielt die Platte über einhundert Wochen in den britischen Albumcharts. Langer Atem? Geniales Marketing? Wahrscheinlich beides, denn das Debüt trägt diese Absatzstrategie auch qualitativ. Das ganz in Pink gehaltene Cover trägt diese Idee, denn man bleibt beim Durchblättern der CD- oder Plattenkisten immer an dieser knalligen Platte hängen. Interessanterweise verkaufte sich die Platte in Deutschland etwas schlechter und schleppender als im Rest Europas. Nichtsdestotrotz erkämpfte sich GARBAGE einen festen Platz in jeder Neunziger-Playlist.

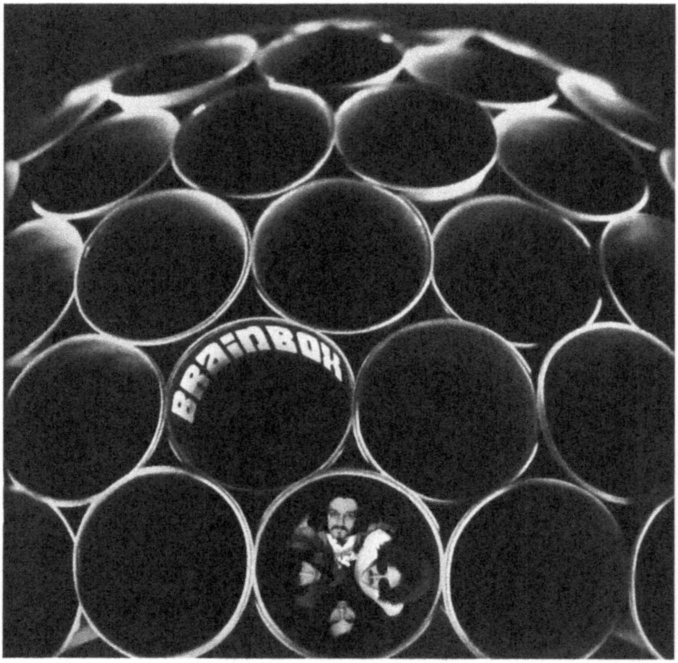

Brainbox – Brainbox (1969)

Holland im Jahre 1969: Der Sänger Kazimierz »Kaz« Lux und der Gitarrist Jan Akkerman gründen zusammen mit dem Drummer Pierre van der Linden die recht kurzlebige Band Brainbox und bringen alsbald auch ihr Debütalbum heraus, das so heißt wie die Band.

Es gibt Alben, die besonders im Entstehungsland eine besondere Wirkung entfalten. *Brainbox* ist für die Niederlande so ein Album, war es doch die Initialzündung für den holländisch-belgischen Progressive Rock. Man könnte Brainbox (ihr Debüt verkaufte sich nicht nur in Holland, sondern auch im benachbarten Westdeutschland recht ordentlich) – auch wenn das nicht hundertprozentig zutreffend ist – als Bandprototypen für die international ungleich erfolgreichere Progressive-Band Focus betrachten.

Ungeachtet dessen: Beflügelt von der Veröffentlichung bilden sich in der Zeit um das Jahr 1970 im Windschatten von Combo und Platte zahlreiche Prog-Rock-Bands, und obwohl der erste und letzte Titel vermuten lassen, dass die Scheibe ein reinrassiges Progressive-Album ist, feiert sie doch hörbar den Blues und wagt immer wieder Abstecher in den Hardrock, und dennoch ist sie gerade für den niederländischen Prog prägend.

Der Stilmix ist auf *Brainbox* auch nur mäßig gut integriert. Die einzelnen Songs stehen eher für sich, als dass sie sich in einen größeren Gesamtzusammenhang bringen ließen. Das mag man der Platte als Schwäche ankreiden, doch die Lieder sind jeweils gute und stilistisch eigenständige Interpretationen bekannter Songs – nur der Opener *Dark Rose* und der Closer *Sea Of Delight* sind eigenständige Brainbox-Kompositionen (und beide Songs sind echte Glanzstücke!).

Dark Rose mit seinem mystischen Intro und akzentuierten Gesang klingt einfach nur großartig! Tom Barlage, für die Platte als Gastmusiker engagiert, spielt die Querflöte in bester Ian Andersonscher Manier und präzise auf Jan Akkermans Gitarre abgestimmt.

Der Tim-Hardin-Klassiker *Reason To Believe*, Rod Steward sollte diesem Song zu Weltruhm verhelfen, ist ein relativ ausdrucksschwaches Popliedchen. Das darauffolgende *Baby What You Want Me To Do*, ein Cover des bedeutenden Delta-Blues-Gitarristen Jimmy Reed, ist ein waschechtes Bluesbrett nach alter Väter Sitte, schnell, hart und mitreißend. Dem nun folgenden, wunderschönen englischen Volkslied *Scarborough Fair*, drei Jahre zuvor von Simon and Garfunkel völlig uninspiriert zur Bedeutungslosigkeit versülzt, verhelfen Brainbox in ihrer schlanken Interpretation zu neuem Atem und der ihm gebotene Tiefe und verzieren es zudem dezent und liebevoll mit der Querflöte – die Holländer führen die traditionelle Weise wieder zurück in den ernst zu nehmenden Pop und befreien sie gottlob von der Garfunkel-Simonschen schnulzigen Bräsigkeit. *Scarborough Fair* ist auch einer meiner Anspieltipps für diese Platte. Es folgt ein Cover des Jazzstandards *Summertime*. Mich persönlich reißt der Tune nicht vom Hocker, was aber auch daran liegen kann, dass *Porgy & Bess* im Allgemeinen und *Summertime* im Speziellen so häufig gespielt, gecovert wurden und werden, dass meine persönliche Toleranzschwelle bei Weitem überschritten und *Summertime* für mich mehr Brech- als Genussmittel geworden ist. Der Fairness halber muss aber gesagt werden, dass Brainbox mit einem kreativen wie fast schon pompösen Intro und vor allem der Wahnsinnsdynamik der Gesangsstimme Kaz Lux' das Maximum aus diesem doch eher getragenen Lied herausholen.

Sinners Prayer wiederum huldigt dem klassischen Blues und kleidet ihn in ein rockiges Gewand. Und zum Abschluss des Albums wenden sich Brainbox wieder dem klassischen Rock zu – *Sea Of Delight* präsentiert sich erst als kraftvoll ruhige Ballade ohne große Schnörkel, um dann recht unvermittelt mit einem starken Drum- und Gitarrenintermezzo an Fahrt aufzunehmen. Wir erleben einen Jan Akkerman so, wie wir ihn später bei Focus kennenlernen werden: Mit hoher Virtuosität, kein Lauf ist ihm zu schnell, kein Akkordsprung zu frickelig. Die Drumeinlage Pierre van der Lindens weist ebenso deutlich in Richtung des Drumsolos des Evergreens *Hocus Pocus* der Band Focus. *Sea Of Delight* ist nicht nur ein überraschender Track, sondern ebenfalls ein Highlight – das viel zu schnell in Vergessenheit geriet und in unseren Tagen leider kaum mehr gespielt wird.

Brainbox entpuppt sich als Wundertüte, in der sich bunt zusammengewürfelt Pop, Progressive, Hardrock und Blues befinden. Der Platte fehlt es an Konsistenz und sie wird zudem von Coverversionen dominiert, obwohl gerade die

Eigenkompositionen der Band sehr stark und eindrücklich sind – nichtsdestotrotz ist das Album qualitäts- und gehaltvoll und absolut hörenswert. Ikonisch hingegen die Sleeve Art: Das Cover zeigt die Hälfte einer aus Röhren zusammengesetzten Kugel, in einer der Röhren das Foto der Bandmitglieder.

Dem Manko mit den Coverversionen tritt die Wiederveröffentlichung auf CD entgegen, die bis zum äußersten Rand mit etlichen, elf um genau zu sein, Bonustracks, mehrheitlich aus der Feder der Band, gefüllt ist. Wer das Album auf Platte hat, sollte beim nächsten Besuch eines gut sortierten Tonträgerhandels trotzdem mal einen Blick auf die 2020 remasterte, bei Cherry Red erschienene CD werfen.

Rock-Requiem (1981)

Wir müssen über den Tod reden. Über den Tod eines Musikers, über den Umgang mit dem Tod im Rock, über den Tod allgemein.

Wohl kaum ein anderer Musikstil enthält so viele, so eindringliche memento mori wie die Rockmusik. Der Lebenswandel zahlloser Musiker begünstigte deren frühzeitiges Ableben deutlich – wer im Leben sprichwörtlich immer auf der Überholspur unterwegs ist, der riskiert, eines Tages aus eben dieser Spur in den letzten Abgrund getragen zu werden. Viele Musiker sind sich dessen sehr wohl bewusst und thematisieren die Vergänglichkeit im Allgemeinen und den Tod im Speziellen in ihren Liedern.

Christliche Rock- und Popmusik ist ähnlich alt wie die Genres selbst – kein Wunder, denn ihre Ahnen, der Blues und der Gospel sind zutiefst religiös bewegt. Bevor wir aber unseren Blick auf das Untergenre des Sakropops und -rocks werfen, möchte ich kurz abschweifen – zur sogenannten Neuen Geistlichen Musik beziehungsweise ins Neue Geistliche Lied: Schon Ende der 1940er-Jahre gibt es erste Komponisten, die christliche Texte durch den Rückgriff auf popularmusikalische Elemente und Liedschemen zu einer neuen, im Klang zeitgenössischen Form entwickeln. Zu den bekanntesten Vertretern dieses Neuen Geistlichen Liedes zählen die Allgemeingut gewordenen Titel *Danke für diesen guten Morgen* (1961, insgesamt über siebenhunderttausend verkaufte Singles) und die musikalische Interpretation des Textes Dietrich Bonhoeffers *Von guten Mächten treu und still umgeben* in den Versionen von 1959 und 1970. Anfangs inner- wie außerhalb der Gemeinden kritisch beäugt, überzeugten diese neuen (Kirchen-) Lieder rasch und eindrücklich mit ihrem größten Vorteil: Sie lassen sich dank ihrer schnell ins Ohr gehenden Melodie problemlos, nahezu intuitiv, singen, bleiben im Gedächtnis, bleiben auf den Lippen. Weiteren Aufwind erhält das »Neue Lied« besonders durch die evangelischen Kirchentage, die sich einem breiten Publikum öffnen und sich nicht nur Glaubensfragen, sondern auch aktuellen politischen Fragestellungen annehmen. Dementsprechend finden wir immer wieder Lieder, die sich sowohl gläubigen Christen wie auch einem tendenziell eher linksliberal orientierten Liedermacherpublikum erschließen. Und gerade der Evangelische Kirchentag bietet eine ideale Bühne, sich von der reinen Liedform zu verabschieden und neue, abendfüllende Formate auszuprobieren. Nach einigen Erfahrungen mit sogenannten »Beat-Messen« experimentiert etwa der Komponist Piet Janssens in den 1970er-Jahren mit Pop-Musicals christlicher Prägung und gegenwärtiger Thematik – mitunter mit deutlich heraushörbarem sozialistischen Impetus. Und spätestens hier wandelt sich das »Lied« zum »Song« – und fügt sie in die unterschiedlichen Stile.

Es gab also einmal eine Zeit, in der sich die christliche Popularmusik, um das einmal so in aller Sperrigkeit zu benennen, auch Nichtgläubigen öffnete. Und auf der anderen Seite sind auch nicht primär kirchliche Weisen in das kirchliche Gebrauchsliedgut eingesickert, so beispielshalber *Sind so kleine Hände* von Bettina Wegener.

Vorsichtig ausgedrückt stand die evangelische Kirche den neuen Lied- und Musikformen offener gegenüber als die katholische Kirche. Möglicherweise ungeplant, in vielen Fällen aber sicherlich beabsichtigt ist eine ökumenische Gültigkeit der Lieder. Und so werden die Sakropop- und Sakrorock-Platten konfessionsübergreifend gehört.

Wir müssen über den Tod reden. 1975 stirbt in München plötzlich, unerwartet, der Violinist Lothar Thorand an einer Virusinfektion (anderen Quellen zufolge an einem Aneurysma). Thorand, dem heute nur noch die Mitwirkung auf einer Schallplattenaufnahme zuzuordnen ist, lebt zusammen mit dem an der Münchner Musikhochschule klassisch ausgebildeten Christian Kabitz, der in dieser Zeit als Kirchenmusiker an der Münchener Christuskirche tätig ist, in einer Wohngemeinschaft. Guntram Pauli, der Sohn des damaligen Pfarrers der Christuskirche und Sportstudent, ist begeisterter Hobbymusiker. Zu seinen Bandkollegen gehört auch Klaus Haimerl. Thorand, Kabitz, Haimerl und Pauli kennen sich gut, musizieren zusammen in verschiedenen Amateurbands, Thorand steuert bei Liveauftritten immer wieder Violinensoli hinzu. Der plötzliche Tod Thorands ist ein Schock für die jungen Männer.

Christian Kabitz, später soll er fünfunddreißig Jahre lang die erfolgreichen Würzburger Bach-Tage leiten, hat die Idee, im Gedenken an den gemeinsamen Freund Thorand ein Crossover-Requiem zu komponieren, ein Stück Musik, das, so wie Thorand selbst, sowohl in der Klassik wie auch im Rock beheimatet ist. Beflügelt ziehen sich die drei Musiker zurück und arbeiten die Idee des Rock-Requiems aus. Pauli geht über Monate im Keller des Gemeindehauses in Klausur, entwirft am Klavier mit den Texten korrespondierende musikalische Passagen, bei den späteren Aufführungen wird er Keyboard spielen. In Rückblenden wird von einem fiktiven Rockmusiker berichtet, der an Krebs erkrankt und schließlich stirbt. Kabitz arrangiert und setzt das Wechselspiel zwischen Orchester, Band und Chor geschickt um, Haimerl komponiert, singt, spielt Gitarre.

Nun war die Idee, ein Rock-Requiem zu schaffen, keinesfalls neu. Bereits 1971 widmete der argentinischstämmige Filmmusikkomponist Lalo Schifrin den Toten der Kriege in Vietnam, Kambodscha und Laos sein sehr vom Jazz inspiriertes *Rock-Requiem*. Dieses Werk (und damit auch die bei Verve erschienene Platte), das hierzulande nahezu unbekannt ist und erst im Jahre 2010 seine deutsche Erstaufführung erleben durfte, hält sich nur recht lose an die liturgische Requiem-Form und wird auch nicht der Kirchenmusik zugerechnet.

In ihrer Komposition halten sich Kabitz, Haimerl und Pauli weitestgehend an die liturgisch-musikalische Ordnung des Requiems, nicht ohne freilich die eine oder andere Freiheit in Anspruch zu nehmen. Der Einzugspsalm, der Introitus, wird zum *Intro*, derer gibt es auf dem späteren Longplayer zwei, weil die Veröffentlichung zwei Schallplatten enthält, das *Dies irae* ist dominiert von einem Frage-Antwort-Spiel zwischen den Drums der Band und dem Schlagwerk des Orchesters, das so eng miteinander verwoben ist, dass es sich wie ein einziges diffiziles Drumsolo anhört.

Am 12. November 1978 wird das Rock-Requiem als »requiem '78« in der Münchener Christuskirche uraufgeführt, danach folgt eine Serie von Konzerten, die bis etwa 1985 anhält, man ist unter anderem bei mehreren Kirchentagen zu Gast, nur unterbrochen von der Einspielung der Doppel-LP 1981. Wie aufwendig diese Auftritte sind, davon bekommt man eine Ahnung, wenn man sich das Foto im Mittelteil des sonst eher einfach gemachten Gatefolds ansieht – die Band auf der Bühne ist quasi ein halbes Orchester. Die Produktion der Schallplatte, so berichtet Pauli später, wurde zum finanziellen Risiko, verschlang weit über hunderttausend Mark, die Musiker borgten sich das Geld bei Freunden zusammen, denn ein Major-Label wollte sich für das Vorhaben nicht finden lassen. Immerhin konnte man für den Vertrieb das Label Jupiter Records von Ralph Siegel gewinnen, an den Reglern saß mit Peter »Pit« Floß ein erfahrener Toningenieur – der professionelle Anspruch war gesichert; die Platte erhielt durchweg positive Kritiken.

Die Veröffentlichung der Doppel-LP fällt in eine Zeit, in der der Sakropop generell eine geneigte Zuhörerschaft findet: Gerade das junge Kirchentagspublikum dürstet nach zeitgemäßen geistlichen Liedern, die es – aufbereitet in eine für den Gottesdienst taugliche Form ab den frühen 1980er-Jahren als von den evangelischen Landeskirchen angebotenen Liederheften finden soll (beispielsweise sei hier einmal das als »Silberpfeil« bekannt gewordene *Liederheft für die Gemeinde* der bayerischen evangelischen Landeskirche, welches moderne, leicht singbare und zeitgemäße Kirchenlieder enthält, genannt).

Was Pauli und Co. nun aber tun ist eine schon fast gegenläufige, im besten Wortsinne integrative Bewegung – und das macht bis heute das Besondere, das Einzigartige am *Rock-Requiem* aus: Sie unternehmen den erfolgreichen Versuch, Rock, Klassik und die traditionelle liturgische Form des Requiems miteinander stimmig zu verbinden – und zwar so geschickt und so behutsam, dass die Musik dem ernsten Anlass in Würde gerecht wird. Das *Rock-Requiem* wird, weil sich diese Kategorisierung anbietet, sehr gerne als Werk des Sakropops bzw -rocks gewertet. Das ist sicherlich richtig und dennoch nur ein Teil der »Wahrheit«; ich sehe das Rock-Requiem darüber hinaus in der Tradition vieler Platten von Bands, die den Versuch der Verbindung klassischer und zeitgenössischer Musik unternommen haben, so zum Beispiel EMERSON, LAKE & PALMER oder DEEP PURPLE. Und das *Rock-Requiem* verlangt von seinen Zuhörern eben nicht Gottgläubigkeit oder gar die Zugehörigkeit zu einer christlichen Kirche.

Ergreifend die musikalische Tiefe von *Nukleus*, der einmontierte Herzschlag erinnert an PINK FLOYD. Wie gut sich ein Sänger, Chor, Orchester und die Band zusammenfügen, demonstriert *Rex tremendae*.

Der *Sanctus* ist mehr als ein guter Popsong, er ist eine echte Fanfare, ohne auch nur in die Nähe des Kitsches zu driften. Die vermeintliche Leichtigkeit *Black Dog Cancers*, diese musikalische Erklärung der Akzeptanz und Aussöhnung mit dem Unabwendbaren, lässt einem das Blut in den Adern gefrieren. *Agnus Dei*, der Titel greift das im *Kyrie* eingeführte Thema locker auf, gehört zu den stärksten Stücken der Platte, die in der *Ode to you and me* ihr großes Finale findet.

Ab 2004 wird das Rock-Requiem wiederaufgeführt, es wird auf CD wiederveröffentlicht, man dreht einen Film. Doch die Aufnahme aus dem Jahr 1981 bildet den Klassiker, das Crossover-Monumentalwerk. Im protestantischen Umfeld entstanden, steht das Requiem in der Tradition der für Konzertsäle geschriebenen Requien und dennoch verleugnet es nicht seine liturgische Herkunft. Die nun vierzig Jahre alte Platte ist in Würde gealtert, die Synthies klingen nach heutigen Maßstäben etwas antiquiert, aber der Einsatz von Chor und Orchester sowie die ergreifende Komposition, das sorgfältige Arrangement und die geradezu warmherzige Interpretation wecken im Hörer auch unserer Tage tiefe Emotionen. Das *Rock-Requiem* ist heute ein moderner Klassiker und zwingend zum engen Kanon der bedeutenden Rock-Konzeptalben des zwanzigsten Jahrhunderts zu zählen.

AC/DC – Power Up (2020)

Mit AC/DC ist es immer das Gleiche: Quasi jeder Song der Band haut gut aufs Maul, wenn ein paar Takte erklungen sind, dreht sich wie von Geisterhand der Lautstärkeregler auf Rechtsanschlag und: Kennst Du einen Titel, kennst Du alle.

Das ist bei *Power Up*, dem ersten Album der Band nach sechs Jahren Plattenabstinenz nicht anders. Und irgendwie transportieren die Rockveteranen immer noch eine – erstaunliche, bemerkenswerte – Frische und bedienen exakt die Wünsche des Publikums (bzw. passen sich perfekt ihrer Schublade an, je nach Sichtweise).

Was aber macht *Power Up* so besonders? Eigentlich seine Vorgeschichte – und die ist etwas ausführlicher zu erzählen: Schon beim Vorgängeralbum *Rock Or Bust* war Malcolm Young, gezeichnet von einer Demenzerkrankung und einem Schlaganfall, nicht mehr zu hören, er verstarb 2017. Sein Neffe Stevie ersetzt ihn bereits beim letzten Album. Dass Malcolm Young nun in anderen Gefilden in die Saiten greift, hört man dem neuen Album *Power Up* trotzdem nicht an – und auch das Songwriting, für das in der Vergangenheit gerade Malcolm Young federführend verantwortlich war und dessen Ideen nach wie vor ihre Wirkung entfalten, entspricht seinem Stil. Malcolm Young einfach so ersetzen und weitermachen wie zuvor? Ist AC/DC nun zur Retortenband um des Erfolges willen verkommen? Nun: AC/DC ist es ja bereits nach dem plötzlichen und unerwarteten Tod Bon Scotts 1980 gelungen, wieder auf die Füße zu kommen – und zwar nicht, indem man sich neu erfunden hätte, sondern durch konsequente Beibehaltung des eigenen, alten – aber eben auch unverkennbaren Stils. Und: Irgendwo auf dem Album sollen noch ein paar von Malcolm persönlich eingespielte Riffs verwurstet sein. Welche das sind, konnte ich aber beim besten Willen nicht heraushören.

Gegen den freilich eher rhetorisch gemeinten Anwurf der musikalischen Retorte spricht allein schon die schier unbändige Kraft der Platte – die freilich altbewährten Konzepten huldigt und erst mal mit keinen Überraschungen aufwartet.

Mit keinen Überraschungen? Alleine, dass es die Band in dieser Besetzung noch gibt und das Album klingt, wie es klingt, ist Überraschung genug. Auch dass Brian Johnson wieder mit von der Partie ist, ist ein kleines Wunder. Während der letzten Liveauftritte wurde Johnson durch Axl Rose von den Gunners ersetzt, da Johnson bei weiterer Beaufschlagung mit hoher Lautstärke gänzlich zu ertauben drohte. Axl Rose ist zweifelsohne ein begnadeter Sänger und hangelt sich spielerisch durch die Oktaven, zudem ist er ein zum Image AC/DCs passend, hinreichend rauer Geselle, aber Rose ist in der Rockwelt schlicht untrennbar mit den Gunners verbunden – und die Fans goutierten sein Engagement bei AC/DC gemeinhin nicht. Nun also steht Brian Johnson zumindest im Studio wieder vor dem Mikrofon – seine Reibeisenstimme ist einfach integraler Bestandteil des AC/DC-Sounds. Und auch Drummer Phil Rudd hat sich wieder gefangen – er hatte gewaltigen Ärger mit der neuseeländischen Justiz, stand im Verdacht, Mordaufträge vergeben zu haben, wurde wegen Drogenbesitzes verurteilt und galt dem Rest der Band als unzuverlässig, feierte er doch lieber diverse Sexorgien, anstatt sich hinter seine Drums zu setzen. Der Bassist Cliff Williams wirkt ebenfalls wieder auf der Platte mit, obwohl er vor nicht allzu langer Zeit, ermüdet von der *Rock-Or-Bust*-Tournee, seinen Ausstieg aus der Band erklärt hatte.

Da sind sie also – überraschenderweise – wieder und rocken nach alter Manier. Vorweg: Welthits vom Schlage *TNT*, *Back in Black* oder *Highway To Hell* sucht man vergeblich.

Und auch die erste Singleauskopplung *Shot in the Dark* schwächelt ein wenig – tönt sie doch arg erwartbar.

Der Opener *Realize* ist ein schnelles Hardrockstückchen, exakt auf den Punkt, gute drei Minuten lassen es die Australier haargenau so rumsen, wie man es von ihnen erwartet.

Money Shot macht ebenso Spaß wie *Wild Reputation.* Freilich, um Filler kommt auch dieses Album nicht herum. Aber Songs wie *Demon Fire* machen alles wieder wett. Hatten die Australier in den letzten Jahren doch etwas an Drive verloren, klingt *Power Up* so frisch wie *Stiff Upper Lip* vor nunmehr über zwanzig Jahren.

Das Marketing um das Album läuft auf Hochtouren: Man verkauft eine CD-Box mit beleuchtetem AC/DC-Logo (das in Form einer Neonröhren-Leuchtreklane ausgestaltete Logo dominiert alle Ausgaben), eine Picture-Disc, eine LP-Special-Edition in rottransparentem Vinyl, eine LP-Special-Edition in gelbtransparentem Vinyl, eine MC-Version mit gelbem, grauem, rotem Gehäuse … Um es ehrlich zu sagen – das ist mir zu viel, zu aufdringlich. Ja, es sind AC/DC, ja, da darf man schon mal einen aufzinnobern, aber dieses extreme Brimborium geht mir dann doch entschieden zu weit.

Die Nerven – Fake (2018)

Fake. Es musste ja so kommen. Die Vereinigten Staaten wurden von einem sprichwörtlich orangefarbenen Präsidenten gelenkt, der mit einer selbst für im Englischen nicht hinreichend geschulten Ohren unterkomplex klingenden Sprachgewalt alles an politischer Kultur niedertrumpelt, was sich ihm in den Weg stellt. Das orangefarbene Riesenbaby mault und schreit der freien Presse »You are fake News!« entgegen und schon hat die Welt ein Wort, mit dem sich für einige wenige Jahre alles, was falsch ist und falsch läuft, alles, was plastikhaft daherkommt, alles, was einer näheren Betrachtung nicht standhält, subsumieren lässt: Fake.

Die gleichnamige Platte der Stuttgarter Band DIE NERVEN präsentiert sich indes nicht als politisches Album, zumindest nicht auf den ersten Blick. Und auf den zweiten Blick auch nicht – aber sie transportiert viel politische Stimmung des Jahres 2018 (und der Jahre danach) über die schier unbegreiflich blöden Verhältnisse und ihre schier unbegreiflich blöden Protagonisten. Also doch ein politisches Album? Ich bin mir nicht sicher. Die Frage, was echt und was Fake ist, beantwortet die Platte nicht, aber immerhin: »Erlaubt ist, was gefällt.«

Nein, als Inkubator für avantgardistische Bands empfiehlt sich das provinzielle Stuttgart nicht und so treibt es Teile der Band über die Zwischenstation Leipzig nach Berlin. Das Trio, bestehend aus Sänger und Bassisten Julian Knoth, Sänger und Gitarristen Max Rieger und Schlagzeuger Kevin Kuhn, nahm das Album in der Toskana auf – toskanisches Flair indes sucht man auf dem Longplayer vergeblich. Die Platte offenbart eine schwer einzuordnende Abwechslung: Ein Wutausbruch *(Frei)* folgt auf ein ausdifferenziertes Indie-Rock-Stück alter Schule *(Roter Sand)* und auf den harten und fast perfekten Popsong *(Alles Falsch)*. Gerade *Alles Falsch* markiert einen, vielleicht den Höhepunkt des Albums. Und dann? Dann sucht die vom Bombast kontrastierte Tiefe von *Dunst* ihresgleichen. Was für ein Album – und dabei ist gerade erst die A-Seite gespielt.

Für mich sind DIE NERVEN ja seit *Fake* irgendwie die neuen TOCOTRONIC. Stellenweise ein bisschen wütender und auf jeden Fall angekommen im Hier und Jetzt. Sie ergreifen nicht Partei, schlagen sich nicht auf eine Seite – sie beobachten, abstrahieren, assoziieren. Aber eben auch nicht immer: *Skandinavisches Design* beispielsweise ist lyrisch erfrischend konkret wie treffsicher: »Skandinavisches Design und Depressionen / Musik, Mode, Meinung für Millionen / mein Style wurde mir auf Amazon empfohlen«. DIE NERVEN bringen einen eigenen, post-punkigen Drive in ihre Songs.

»Finde niemals zu dir selbst«, mit diesem Widerspruch zum Kalenderspruch lässt sich der textlich durchaus ernste, aber musikalisch wunderbare Indie hervorragend abwürzen – vielleicht steckt in diesem Satz aber auch ein Teil des Erfolgsgeheimnisses – wer nicht zu sich selbst findet, ist leicht wandelbar und eben diese Wandelbarkeit beschert uns ein dann doch so anderes, unaufgeräumt-stimmiges Album wie *Fake*. Der Song *Niemals* ist eine ganz, ganz starke Nummer.

Diese Platte hat so viele große Momente, dass man sie immer wieder und wieder auflegen kann. Lange bevor das Jahr 2018 zu Ende ging und bereits vor Veröffentlichung attestierte Christian Steigels im Intro-Magazin dem Longplayer *Fake*, »das beste deutsche Album des Jahres« zu sein. Das ist richtig. Daran kann auch das spartanische Cover, das Worte FAKE ist einfach auf einen gelb-orange verlaufenden Hintergrund gesetzt, nichts ändern.

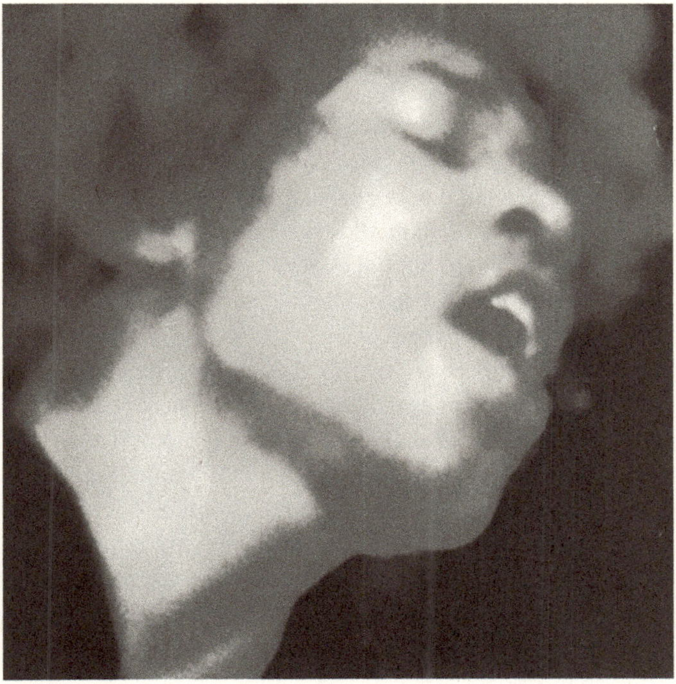

Jimi Hendrix – Electric Ladyland (1968)

Für alle Beteiligten müssen die Geburtswehen zumindest streckenweise fürchterlich gewesen sein, die Platte gilt nicht nur unter Kennern als das Opus Magnum und Dokument der Blüte seines Schaffens und er selbst war mit Album und Sound, welches beinahe als »Electric Landlady« veröffentlicht worden wäre, nie wirklich zufrieden: In einer Betrachtung wie dieser darf natürlich Jimi Hendrix' Album *Electric Ladyland* nicht fehlen.

Die Wurzeln der musikalischen Karriere des Jimi Hendrix liegen in Harlem, zum Star wurde er jedoch insbesondere durch seine Auftritte 1967 in Großbritannien. Fortan »pendelte« er recht regelmäßig zwischen England und Amerika.

Anders als bei vielen anderen Musikern in jener Zeit gelang es Hendrix nicht, sich zur Produktion des neuen Albums eine Auszeit zu nehmen, die Platte entstand gleichsam unter dem Eindruck und Stress zweier Touren. Die Band war ausgelaugt und die Auftritte boten auch nicht den rechten Rahmen, um neue Songs auf der Bühne auszuprobieren.

Die Entstehungsumstände der Platte waren also nicht ganz einfach – die Studiosessions waren teilweise sogar zwischen die Gigs der laufenden US-Tournee eingezwängt und es mussten sich auch erst einmal freie Slots finden lassen, in denen der sowohl dem Alkohol wie auch anderen Drogen recht zugetane Hendrix und der Rest der Truppe spielfähig waren. Das alles wäre im besten Sinne noch managebar gewesen, zumindest gab sich der damalige Manager der Band, Chas Chandler, redlich Mühe. Nicht managebar allerdings war der Hendrixsche Perfektionismus. Er hatte nicht nur den Song im Kopf, sondern auch, wie er zu klingen habe – und das unterschied sich zum Teil erheblich von dem, was im Studio aufs Band gebracht wurde. Und so nahm man bei der Einspielung Anlauf um Anlauf – heute muss man sagen: zum Glück! Nicht nur die Stücke, sondern auch der Sound ist ungekannt variantenreich. Nachdem Hendrix 1968 aus England in die USA zurückkehrte, wollte er sich, um seine Ideen besser zu verwirklichen, ein eigenes Studio einrichten. Das klappte allerdings nicht so recht und so ging die Band – immer umlagert von allerhand Leuten – in das gerade erst neu eröffnete Record Plant Studio in New York. Dieses Studio war mit einer für die damalige Zeit brandneuen Zwölfspur-Aufnahmeanlage ausgestattet und die neue Technik inspirierte Hendrix zu vielerlei Overdubs und Soundtüfteleien mit der Stereofonie, mit Echos, mit unterschiedlichsten Verzerrern, rückwärts laufenden Bändern und Ähnlichem. Effekte werden auf der Platte allerdings nie um des Effektes willens verwendet – Hendrix balanciert den Einsatz der neuen technischen Möglichkeiten sorgsam aus – und verhindert damit, dass die Platte zu einer allzu matschigen Psychedelicscheibe verkommt. Denn was Hendrix schon immer vortrefflich gelingt und was er auch auf *Electric Ladyland* mit großem Genuss zu zelebrieren scheint: Hendrix setzt Akzente.

Und so ist es zu dem gekommen, was wir heute auf *Electric Ladyland* hören können – einem bunten, komplexen und dennoch kohärenten Album, auf dem lange Jams wie *Voodoo Chile* und Top-Hits wie *All Along The Watchtower* nahe zusammenstehen. Überhaupt: *Voodoo Chile* und *Voodoo Child* – diese beiden Stücke gehören eng zusammen. Der im weiteren Sinne Blues-Jam *Voodoo Chile*, das längste von Hendrix auf einem Studioalbum veröffentlichte Stück, entstand am 2. Mai 1968 eher zufällig im Studio. Loses Grundmotiv bietet die Catfish-Blues-Interpretation *Rollin' Stone* von Muddy Waters. Tags darauf trafen sich die Musiker wieder im Studio, um ihre Arbeit für einen Dokumentarfilm des Senders ABC abdrehen zu lassen. Man setzte einfach dort ein, wo man am Abend zuvor aufgehört hatte – bei *Voodoo Chile* – und so entstand völlig ungeplant *Voodoo Child (Slight Return)* – ein Song, der es nicht nur in der Funktion einer musikalischen Klammer auf das Album schaffen sollte, sondern posthum zu Hendrix einzigem Nummer-Eins-Hit in Großbritannien wurde.

Eines der bekanntesten Hendrix-Lieder, *All Along The Watchtower*, ist eigentlich ein Dylan-Cover. Auf dessen recht countrylastiger Scheibe *John Wesley Harding*, welches er dem namensgebenden Revolverhelden widmete, war diese Nummer Ende 1967 das erste Mal zu hören – Dylan selbst erkannte die Güte des Hendrix-Covers, das sich deutlich von seinem Song unterscheidet, sofort: »He probably improved upon it by the spaces he was using«, so sagte Dylan dem Rolling Stone, »I took license with the song from his version, actually, and continue to do it to this day.«

Burning Of The Midnight Lamp, der wohl autobiografischste Titel der Platte, zählt ebenfalls zu den Evergreens. Die Backing Vocals wurden seinerzeit von einem weiblichen Gesangsquartett fürs Studio, den SWEET INSPIRATIONS, beigesteuert. Leiterin dieser Formation war Emily »Cissy« Houston – deren zum damaligen Zeitpunkt dreijährige Tochter Whitney später ein Weltstar werden sollte.

Und auch das geschwindigkeitsgetriebene *Crosstown Traffic* wird ein Hit werden.

Aber es folgt noch mehr: Teils stehen die Titel in bester Bluesrock-Tradition (so auch das legendäre *1983 ... A Merman I Should Turn To Be*), teils sind deutliche Jazz- und Funknoten hörbar. Hit, Jam, Ausblick in die 70er, interessante, kurze Soundscapes (*And the Gods Made Love*, *Moon, Turn the Tides ... Gently Gently Away*) machen die Doppel-LP zu dem, was sie ist – einem Klassiker.

Die Band, THE JIMI HENDRIX EXPERIENCE, ist freilich nur dazu da, dem Altmeister zu sekundieren, daran lässt die Platte keine Zweifel. Alles dreht sich um Hendrix und Hendrix dreht sich um sich selbst. Das hätte aber ohne die hochkarätigen Begleitmusiker nicht funktioniert. Noel Reddings ausgezeichnetes Bassspiel, das zur Legende gewordene Orgelsolo Steve Winwoods bei *Voodoo Chile*, die Drums von Mitch Mitchell und Buddy Miles und die Percussion von Brian Jones (ja, in der Tat, dem Brian Jones! Wer hätte ahnen können, dass Hendrix ihm zwei Jahre später in jenen traurigen »Club 27«, also in die Riege jener Topmusiker, die im Alter von 27 Jahren starben, als Zweiter folgen sollte).

So wenig Hendrix mit dem Sound der Platte zufrieden war, so wenig zeigte er sich auch mit dem Cover einverstanden. Die bekannteste Version – darunter das US-amerikanische Original – zeigen ein grobkörniges Porträt eines orangerot ausgeleuchteten, mit seinen halbgeschlossenen Augen fast ekstatisch aussehenden Hendrix'. Er mochte dieses Bild nicht, geärgert hat er sich aber – so ist es überliefert – über das Cover der britischen (und auch deutschen) Pressung. Es zeigt neunzehn nackte Frauen vor schwarzem Hintergrund, einige der Models halten gut sichtbar Jimi-Hendrix-Plattencover in Händen. Dieses »Nude-Cover« hat sich, obwohl seinerzeit gar nicht so selten, inzwischen zum gesuchten Sammlerstück entwickelt.

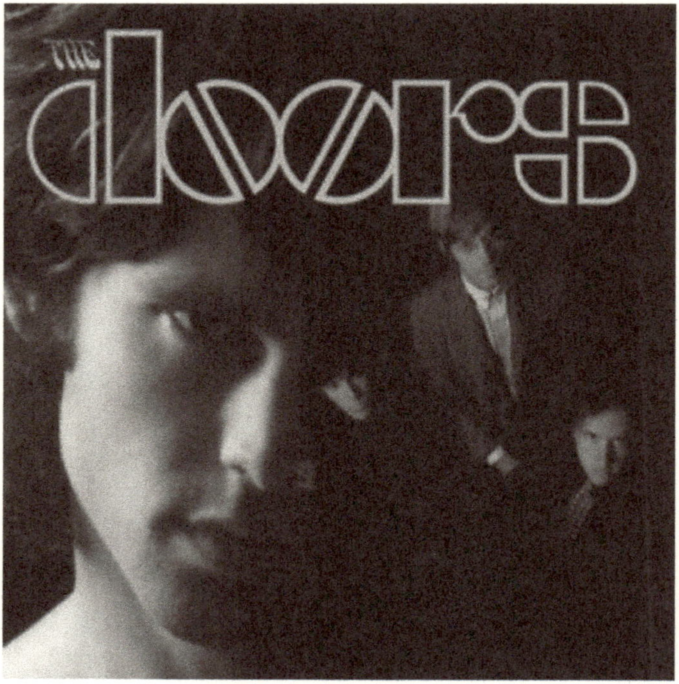

The Doors – The Doors (1967)

Ist dieser Jim Morrison ein genialer Lyriker, ein hoffnungsloser Selbstdarsteller? Eine Hippie-Ikone oder ein Drogenapologet? Ein Ausnahmetalent, ein Ausnahmeperformer, gar ein Ausnahmemusiker?

Was da im Januar 1967 in die US-amerikanischen Plattenläden kommt, ist jedenfalls ein Ausnahmealbum und mit seinen Songs und seinem Sound so besonders, dass es viele Musiker tief und nachhaltig inspirieren soll. Das Debüt der kalifornischen Band The Doors, das genauso heißt, gilt vielen Kritikern als eines der wichtigsten Rockalben aller Zeiten. Warum das so ist, dem soll diese letzte der fünfzig Rezensionen ein wenig nachspüren – beantworten kann sie diese Frage aber sicherlich nicht.

Break on Through (To the Other Side) – der Opener des Debüts wird von Morrison, dem unangefochtenen männlichen Sexsymbol jener Jahre, so kraftvoll herausgestoßen, dass die Platte den Hörer schon jetzt fest in ihren Fängen hält. Da stört auch nicht, dass die Liedzeile »she gets high« in vorauseilendem Gehorsam zur Skandalvermeidung im doch arg bigotten Amerika jener Tage von der Platte getilgt wurde (und das hat man bis in die Neunziger bei jedem Reissue – und das sind nicht wenige! – so beibehalten).

Jim Morrison und Ray Manzarek lernen sich 1965 in San Francisco, genauer gesagt am Strand von Venice Beach kennen. Morrison trägt Manzarek einige seiner Gedichte vor, der erkennt sofort das Potenzial dieser Texte und schlägt vor, eine Band zu gründen. Schnell stoßen der Gitarrist Robby Krieger und der Schlagzeuger John Densmore hinzu und da sind sie: THE DOORS. Schon im August des Folgejahres nimmt die junge Band, die sich in der bunten kalifornischen Musikszene schnell einen – aufgrund Morrisons mitunter schrillen Auftritte nicht immer guten – Namen macht, in neun Tagen ihr Debütalbum in Los Angeles auf. Die Musiker harmonieren ausgezeichnet miteinander. Auch das Plattencover ist schnell mit den von Guy Webster geschossenen Porträtaufnahmen auf dunklem Grund montiert. Und so präsentiert sich eine Platte, die nicht nur vom Charisma und Sex Appeal Morrisons, sondern auch seiner Belesenheit profitiert.

Die spiegelt sich zum Beispiel im Cover des Brechtschen *Alabama Songs*, den Kurt Weill für die Oper *Aufstieg und Fall der Stadt Mahagonny* vertonte, wider. Das Lied passt gut zu Morrison, der selbst zeitlebens dem Alkohol recht zugetan war. Auch der dunkel-zynische Text, in Brechts Original ziehen sechs Mädchen in die Stadt ein, lassen alle Hoffnung auf Liebe, Geborgenheit und Heimat fahren und prostituieren sich in Mahagonny, passt gut zu den DOORS, passt gut zur Platte mit ihrer teils deutlich nachdenklichen Färbung.

Die Ballade *The Crystal Ship* berührt indes mit ihrer Sanftheit und schnörkellos-zurückgenommenen Schönheit. Und auch dem Blues-Standard *Back Door Man*, im Original von Willie Dixon und in der Interpretation von Howlin' Wolf bekannt geworden, verhelfen die DOORS zu einem neuen, ganz eigenen Glanz.

Light My Fire ist ein absolutes Glanzstück des Psychedelic- und Jazzrocks. Der Titel wurde vom Gitarristen Robby Krieger verfasst, profiliert sich aber besonders durch Ray Manzareks charakteristischen Orgelsound, er spielte eine Vox Continental. Das als »Conny« bekannt gewordene Instrument wurde ab 1961 als frühe portable, volltransistorierte Orgel gebaut. Die »Conny« hat einen hellen und schlanken Sound, was auf die frühe Transistortechnik, die Anfang der 60er einfach nicht mit dem Klangvolumen der Elektronenröhren mithalten konnte, zurückzuführen ist. Der Bass wiederum stammt vom kleinen Rhodes Piano-Bass, den Manzarek regelmäßig, besonders bei den Liveauftritten parallel zur Orgel mit der linken Hand spielte, schließlich hatten die DOORS ja keinen Bassisten. Dieser Sound macht *Light My Fire* zu einer Hymne, die jeder am Klang des ersten Taktes erkennt.

The Doors ist ein hochinnovatives Album, dass der Veröffentlichungszeitraum bereits in den ersten Januartagen des Jahres 1967 liegt, überrascht mich jedes Mal aufs Neue. In einer Zeit, in der der Beat noch locker in den Ohren nachklang, mischen die DOORS ordentlich Literatur, ein wenig Jazz und eine gehörige Portion Melancholie unter ihre Songs, ohne in die Nähe des Pathos oder der Abgehobenheit zu kommen.

Sie ist oft zu lesen, die Anekdote, die Jim Morrison so oft erzählt hat und die so gut zu *The End* passt, die so grausam ist und dennoch die Frage nach etwas stellt, das man im christlich-religiösen Kontext wohl »Ewiges Leben«, in anderen Religionen und Kulturen wohl als »Seelenwanderung« bezeichnen würde. Auf einer Autofahrt, Morrison ist noch ein Kind, hält der Vater auf der Straße seinen Wagen unvermittelt an. Der auf der Rückbank sitzende Morrison wird Zeuge eines schrecklichen Verkehrsunfalls, bei dem mehrere schwer verletzte Indianer auf der Straße verbluten. In diesem Moment, so sagt Morrison später, seien die Seelen zweier Indianer in seinen kindlichen Leib gefahren. Der Vater sagte dem unter diesen Eindrücken wohl deutlich traumatisierten Kind später, es habe das Ganze nur geträumt, um es zu beruhigen. *The End* – ein Drogenrausch, ein Musik gewordener schamanischer Zauber kann auch als Reflexion dieses Erlebnisses gewertet werden. Die Seelen, dargestellt als Schlangen, dringen in seinen Leib ein. Und nun bemüht der sehr belesene und klassisch hervorragend gebildete Morrison das Motiv des Ödipus – hier als eine Art Abrechnung mit dem Elternhaus, bevor wieder das Ende beschworen wird – als Vorbild das klassische Drama, wird daraus ein weltumspannend verstandenes Stück Rockgeschichte. *The End* – der Song passt gut in die Zeit, in der die Hippies nach Bewusstseinserweiterung und New-Age-Spiritualität suchen. *The End* – und das zeichnet die ganze Platte aus – passt aber eigentlich in jede Zeit.

Zum Gebrauch

Die hier veröffentlichten Rezensionen betreffen überwiegend Schallplatten. Die Langspielplatte, der »Longplayer«, bildete viele Jahre für Musiker den technischen Rahmen und definierte durch Größe und Format auch mögliche Ausstattungsmerkmale und die Laufzeit.

Ähnliches mag im Kern auch für die CD gelten, doch hier vollzogen sich sehr schnell erste Änderungen: Als Anfang der 1980er-Jahre die Compact Disc eingeführt wurde, überlegten die Labels, wie man den Musikfreunden und Schallplattensammlern den Umstieg auf das neue Medium möglichst schmackhaft machen könnte. Schnell kamen Wiederveröffentlichungen von Schallplattenalben auf den Markt, die mit als Kaufanreiz dienenden Bonustracks oder anderen Features von der »klassischen« Veröffentlichung auf Platte oder Musikkassette abwichen. In den späten 1980er- und frühen 1990er-Jahren spielte man gerne mit der technischen Möglichkeit des hidden tracks, auch eine Funktion, die bei der Schallplatte aufgrund der Spielzeit und der mit Musik bespielten Rillen, die einen hidden track mit bloßem Auge erkennbar werden lassen würden, nicht möglich ist. Und beim MP3-Album, Internetalbum oder Stream verwischen diese technischen Grenzen vollständig.

Wenn sich also Versionen der Veröffentlichung massiv unterscheiden, versuche ich, mit entsprechenden Hinweisen zur Versionsgeschichte darauf so knapp wie möglich einzugehen. Das gilt auch, wenn Alben in unterschiedlichen Ländern unter verschiedenen Titeln veröffentlicht wurden. Und dennoch mögen die Rezensionen auch allen CD-Käufern und Nutzern von Streamingdiensten nützlich sein.

Zum Teil werden in den Rezensionen einzelne, besonders herausstechende Titel gewürdigt. Das soll nicht bedeuten, dass nicht erwähnte Titel weniger beachtenswert sind, nur weil sie nicht einzeln besprochen werden. Mitunter würde ein Abarbeiten der gesamten Titelliste den sinnvollen Rahmen sprengen, mitunter bietet es sich aber auch an.

Vielen Büchern, die – egal zu welchem Thema – versuchen, einen Kanon zu entwickeln, ist zu eigen, dass dies selten gut gelingt. Diesen Anspruch verfolgt dieses Buch, wie im *Vorwort* erwähnt, aber auch gar nicht. Vielmehr mag es an manch vergessenes Album erinnern und dem geneigten Leser die eine oder andere Inspiration bieten. Freilich packe ich damit auch, wie könnte es anders sein, meine eigene musikalische Sozialisation zwischen zwei Buchdeckel.

Getreu dem Buchtitel sind meine teils recht persönlichen Kritiken natürlich alle wohlwollend gehalten. Um hier ein Maximum an Transparenz herzustellen: Meine Kritiken verfasse ich aus Überzeugung und keinesfalls aus Gefälligkeit. Jede der hier besprochenen Platten habe ich selbst gekauft, ich erhalte keine Rezensionsexemplare von Künstlern, Labels oder Verlagen und greife grundsätzlich nicht auf Pressemitteilungen oder Katalogtexte zurück. Ich erhielt und erhalte keine Gelder von Musikverlagen, Plattenlabels, Managern oder anderen Personen- und Interessensgruppen.

Um der besseren Lesbarkeit willen wurde im Buch die männliche Form gewählt, nichtsdestoweniger beziehen sich die Angaben selbstredend auf Personen jeden Geschlechts.

Till Burgwächter

DIO DIGITALE

Die Zunkunft des Heavy Metal

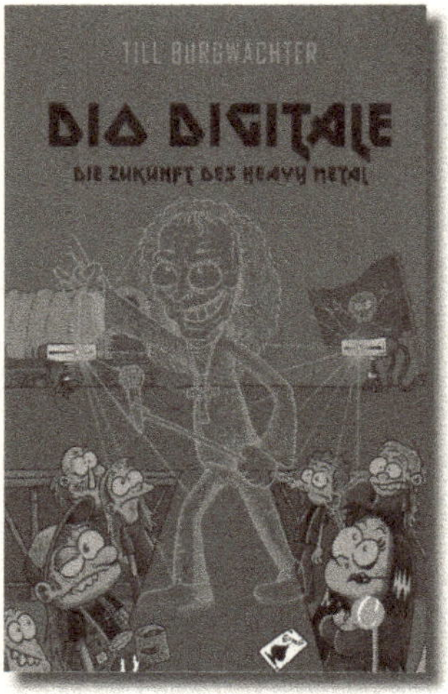

kartoniertes Buch
180 Seiten
Preis 13,00 EUR [D]
ISBN 978-3-948486-28-0

Ebook epub
ISBN 978-3-948486-42-6
Ebook PDF
ISBN 978-3-948486-41-9

Freunde der gezackten Pommesgabel, der Heavy Metal ist in Gefahr! Der grimme Schnitter reitet gnadenlos durch die Reihen unserer Helden, die Jugend hört lieber elektronische Geräusch-Collagen als handgemachte Musik, die Veröffentlichungswut verschreckt selbst den treusten Headbanger, und das Geld in der Szene wird dank unverschämter Streaming-Dienste und anderer Schnorrer auch so langsam knapp.

»Dio digitale« nimmt sich in mundgerechten Glossen ein Beispiel an Heino, krabbelt durch unterirdische Klon-Labore, ruft Dämonen zur Hilfe, gibt Tipps zur metalgerechten Kindererziehung und mischt mit dem »Cannibal Corsa« sogar den Automarkt auf, nur um den Heavy Metal wieder dahin zu bringen, wo er unwiederbringlich hingehört: an die Spitze. Wo immer die auch sein mag.

Potsch Potschka

DA FLIEGT MIR DOCH DAS BLECH WEG

Lokomotive Kreuzberg, Nina Hagen Band, Spliff, Weltmusik

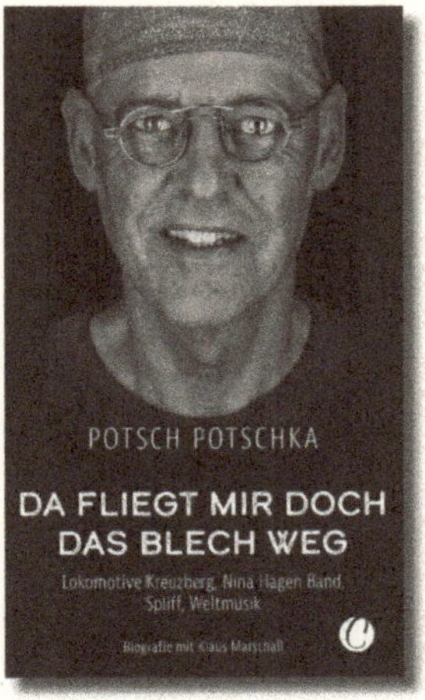

kartoniertes Buch
180 Seiten
Preis 18,00 EUR [D]
ISBN 978-3-948486-62-4

Ebook epub
ISBN 978-3-948486-64-8
Ebook PDF
ISBN 978-3-948486-63-1

Bernhard »Potsch« Potschka ist ein begnadeter Gitarrist und seit mehr als fünfzig Jahren in der Musikbranche tätig. Er wurde vor allem mit der »Nina Hagen Band« und »Spliff« Ende der 1970er- bis Mitte der 1980er-Jahre bekannt. Songs wie »TV-Glotzer«, »Unbeschreiblich Weiblich«, »Rangehn«, »Carbonara«, »Déjà-vu«, »Das Blech« oder »Herzlichen Glückwunsch« sind bis heute Ohrwürmer, die Generationen von Musikfans in den Bann zogen.

In diesem Buch schildert »Potsch« Potschka seinen Werdegang vom nachkriegsgeprägten, streng konservativen Würzburg über das geteilte Berlin bis hin zu nationalen und internationalen Erfolgen, die selbst Frank Zappa aufhorchen ließen. »Potsch« Potschka erzählt von persönlichen Schicksalsschlägen, die auch seine musikalische Entwicklung bis hin zu Flamenco und Weltmusik beziehungsweise Fusion prägten, und gibt zahlreiche lustige und erstaunliche Anekdoten aus der Welt des Musikbusiness.

Illi Hinzberg

SCHLACHTHOFROMANZE

Verliebt in Fury in the Slaughterhouse

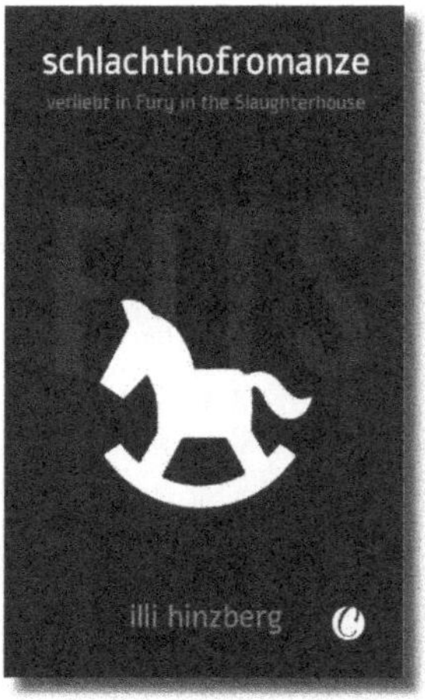

kartoniertes Buch
144 Seiten
Preis 13,50 EUR [D]
ISBN 978-3-948486-31-0

Ebook epub
ISBN 978-3-948486-33-4
Ebook PDF
ISBN 978-3-948486-32-7

Seit sie die einzigartigen Klänge der Kult-Band „Fury in the Slaughterhouse“ 1999 zum ersten Mal vernommen hat, ist Illi Hinzberg Fan mit Leib und Seele. In diesem Buch erzählt sie abenteuerliche Erlebnisse, witzige Anekdoten, von der Liebe zur Musik und von besonderen Fanmomenten.

„Illi hätte damals wirklich alles Mögliche werden können. Ein Tracky, ein Starwars-, Fallout- oder FC-irgendwas-Fan, aber ihr Herz schlug dann wohl doch für etwas ganz anderes. Nämlich für unsere Band Fury in the Slaughterhouse, deren unstetes Treiben sie fortan genauestens verfolgte. So nahm ihr Leben in diese Richtung extrem Fahrt auf und es kam, wie es kommen musste: Konzertbesuche, zum Teil unter seltsamen Vorzeichen, und mehr Konzerte, und noch mehr Konzerte, viele nette Bekanntschaften und neue beste Freunde.“ – Gero Drnek, Fury in the Slaughterhouse